女人的私房历史书 2

民国篇

尹剑翔 编著

北京邮电大学出版社
www.buptpress.com

图书在版编目（CIP）数据

女人的私房历史书. 民国篇. 2/ 尹剑翔编著. --北京：北京邮电大学出版社，2012.9

（想念读书好时光系列）

ISBN 978-7-5635-3136-3

Ⅰ. ①女… Ⅱ. ①尹… Ⅲ. ①中国历史—民国—女性读物 Ⅳ. ①K209

中国版本图书馆 CIP 数据核字 (2012) 第 156415 号

特别感谢：董富荣　齐美璐　齐立志　尹文先　齐　欢

女人的私房历史书：民国篇　2

尹剑翔　编著

责任编辑：陈　瑶
出版发行：北京邮电大学出版社
社　　址：北京市海淀区西土城路 10 号（邮编：100876）
电　　话：010-62282185
传　　真：010-62283578
邮　　箱：publish@bupt.edu.cn
印　　刷：北京宝昌彩色印刷有限公司
开　　本：787 × 1092　1/32
印　　张：5.5
字　　数：85 千字
版　　次：2012 年 9 月第一版　2012 年 9 月第一次印刷
书　　号：978-7-5635-3136-3
定　　价：19.80 元

目录

章三　小凤仙和蔡锷，一段知音间的情缘

古有“伯牙摔琴谢知音”的故事，是讲知音一死，俞伯牙一生便不再弹奏他心爱的瑶琴了，这是两个男人之间的知音故事。

而如果是一男一女互为知音，会产生什么样的化学反应呢?

我的回答是那将会是一种强烈的反应，是一种超过了爱情的爱恋!

难道世上真的有超过了爱情的爱恋吗?那将会是爱到了怎样的一种程度呢?

各位读者只要读完下边两个人的故事就会明白了!

孤苦飘零

时入民国初年，虽然皇帝已经被推翻了，但是晚清时的那些“破烂”玩意儿在北京的市面上却一样都不少，妓院就是这种封建流毒之一。

北京的妓院基本都分布在城南的八个大胡同中，后来八大胡同就变成了北京妓院的一个代名词了。

当然，这八大胡同之中的妓女们招揽客人们也有很大的不同。

原来，八大胡同有南、北帮之分。北帮的妓女们大多装扮得知书达礼、温柔娴静、娓娓清谈，让人有一种红颜知己的错觉，男人们一见她们便有想对其一吐心中郁闷之事的冲动，用今天的话说就是走玉女纯情路线。

而南派的妓女们则多为打扮得十分妖艳的女子，靠吹拉弹唱、盈盈软语，献媚客人，走的是冷艳性感路线。

这两拨做皮肉生意的女人，各有千秋，南派的代表就是民国著名的妓女赛金花，而北派的代表就是本章的主人公，民国时的一个非常著名的女性，小凤仙。

1900 年，小凤仙出生在杭州，她的父亲姓朱，是个满清八旗武官，但遗憾的是八旗兵马雄壮威武的时代早已经过去了。

袁世凯的北洋新军无论是在清朝还是在民国都能用得上，但是这些毫无战斗力的八旗兵，却因为改朝换代而失去了安身立命的资本，被民国政府无情地裁撤了！

所以，小凤仙幼年的生活是十分困窘的，再加上小凤仙母亲是个偏房，时常受到大房的歧视和虐待，小凤仙从小就养成了一种十分阴郁的性格，她对所有人的态度都十分冷漠，一点儿没有女孩子身上应有的阳光和朝气。

小凤仙的母亲由于实在难以忍受大房的虐待，带着一个姓张的奶妈和小凤仙，离开了朱家。但并非清平世界的民国初年，岂是只靠一个女人就可以养活一家人的？

生活的艰难很快让小凤仙的母亲失去了生活的信心，她很快一病不起，不久便撒手人寰了。面对主母的去世，张奶妈带着一种报恩的心理，收留了小凤仙，并让她跟着自己的姓，姓张，还给她起了个名字叫凤云。

张奶妈别无长处，只能靠给有钱人家里当佣人过活。1911 年 10 月 10 日，武昌起义爆发。此时张奶妈正带着小凤仙在浙江巡抚曾韫家帮佣。11 月间，杭州革命党人响应武昌起义，在杭州起事，革命党人一心想要跟“帝制”做个清算，所以炮轰了巡抚衙门。张奶妈吓得只好带着小凤仙再次出逃，这一次她们跑到了上海。

这时，天下大乱，原来的大户人家被革命党人打的打，杀的杀，弄得张奶妈根本就找不到可以去当佣人的人家。由于衣食无着，张奶妈也动了邪念，她竟然把小凤仙押给了一个姓胡的艺人，从他那儿骗了几个钱便不知去向了。

小凤仙虽小，但早已经习惯了这种人世间的世态炎凉，人情淡漠。跟着谁都一样，能吃上口饭就行。

胡艺人是有些本事的，他教给了小凤仙很多戏，并带她到南京的街头去卖唱，还特意为她取了个艺名叫“小凤仙”。

1913 年 7 月，革命党人在南京发动反对袁世凯的“二次革命”，北洋军阀冯国璋、张勋等部攻打南京，战火延及近两月。小凤仙只好又跟着胡老板逃回上海。

这时，胡老板也没有了营生不能再生活下去了，他看了看眼前的小凤仙，已经是个美人胚子，发育得十分健全。所以，他没有犹豫就把小凤仙卖给了上海的一户人家当了婢女。

这户人家的男主人叫曾孟朴，是个地道的浪荡公子。他一生别无长处，就爱写一些艳情小说，那时没有什么出版局的审核，只要有钱就能出书。曾孟朴出版了《鲁男子》等书，这些书实质上就是一些不堪入目的黄色小说而已，整日写着这些意淫的作品，自然也想在真实的生活中实现他那些性幻想。

当时，小凤仙正好十五岁，发育已经成型，出落得也十分标致。这位曾孟朴就对这名可怜的少女动了邪念。

一日，曾孟朴和妻子出门了，小凤仙见主人、主母走了，便走到自己的寝室内换洗一下自己的衣服。没想到，刚进门，就闻听有人敲自己的门，门外是主人的声音。

小凤仙还以为是曾孟朴落下了什么东西要回来拿，马上打开了屋门。没想到，这个色魔一步便闯进了小凤仙的房间，然后把门就关上了。

原来，这一切都是曾孟朴预谋已久的计划，他骗妻子出去，就是为了找个理由自己先回来，然后做龌龊的事情。

小凤仙就这样被这个色魔给糟蹋了！而曾家娘子也不是善茬，回到家后便知情况不对，一逼问就知道了丈夫偷腥的事情，大发雷霆。

虽然已经是民国，但人口买卖在一定程度上依旧是合法的，小凤仙此时只不过是主人的一件可以买卖的物品而已。

小凤仙含着泪，上告无门，而主母却把所有的错都怪在了她的头上。小凤仙转手就被这位狠心的主母卖到了上海的一家妓院之中，过起了非人的生活。不过，妓院的经营者却认为小凤仙虽然出生在南方，却不是南派妓院的路子，所以又把她贩卖到了北京八大胡同之一的陕西巷云吉班卖唱接客做生意。

由于其才、貌、色、艺俱佳，立即名震京师，成为民国初年北京城红极一时的名妓。

命运就是如此，对小凤仙如此的不公！但是一个在这样时代中飘零的女子，又能怎么转变自己的命运呢？

但是，小凤仙在这样的世道下，却保持着自己那份孤傲的性格，她从不善待她的嫖客，也不会阿谀奉承，虽然时常遭到老鸨的谩骂，但她仍旧我行我素。

之所以这样做，是小凤仙对生活的一种厌恶，是对人生的一种绝望。但小凤仙自己都不会想到，她那本已绝望的人生，却会因为一个人的出现，而重新焕发出光芒来。

蔡锷将军

一日，小凤仙突然见到了一个客商。由于她性格冷僻，所以老鸨不敢把有钱有势的嫖客介绍到她房里来，这个客商打扮十分平常，不像是有钱人的模样。

可这一见，小凤仙却心中一惊，原来小凤仙虽然面上冷峻却十分有心计，她看这位客商，绝非一般人士，从他眉宇之间显露出一股威严的杀气，似是带兵之人。

小凤仙跟他一阵寒暄，但眼前此人仍旧说自己只不过是一个普通客商，并非什么大人物。

小凤仙听后，嫣然一笑道:“我自坠风尘，生张熟魏阅人多矣，从来没有见到过风采像你这样令人钦仰的，休得相欺。”

客商这才又重新审视了眼前这位美女，但是他仍然不肯说出自己的真实身份，便道:“京城繁盛之地，游客众多，王公大臣，不知多少;公子王孙，不知多少;名士才子，不知多少。我贵不及人、美不及人、才不及人，你怎么就说我风味是独一无二的呢？”

小凤仙听得此人言语，文采飞扬，更确信了自己的猜测，便又说道：“现在举国萎靡，无可救药，天下滔滔，国将不国，贵在哪里？美在哪里？才在哪里？我所以独独看重你，是因为你有英雄气概。”

客商听后一阵沉吟，故作不解地问：“何以见得？”

小凤仙一阵叹息道：“我仔细看你的样子，外似欢娱，内怀郁结。我虽女流之辈，倘蒙你不弃，或可为你解忧，休把我看成青楼贱物！”

客商对小凤仙的言语态度十分欣赏，不由得又心生了一丝敬佩，然后他便没话搭话道：“你这里有这样多的对联，你最喜欢哪一副？”

小凤仙一阵唏嘘：“都是泛泛之辞，不甚切合情景心态，似无什么称心如意的。你是非常人物，不知肯不肯赏我一联？”

客商亦不推辞，提起笔来便写成一联：

自是佳人多颖悟；从来侠女出风尘。

这副对联是在夸小凤仙虽然沦落风尘，却实在是个好女子、奇女子，有见识、有修养。而客商在这副对联后，又留下了落款，“松坡”！

小凤仙一见，大吃一惊，问道：“你莫非就是大家议论纷纷的蔡都督嘛？怎么改换衣服到这里来呢？”

原来这个客商就是名动一时的云南督军，年轻有为的青年将领蔡锷。

蔡锷，原名艮寅，字松坡，清光绪八年十一月初九（公元1882年12月18日）生于湖南邵阳东乡蒋河桥（今邵阳市郊区蒋河桥乡）的一个贫苦的农家。

虽然家里穷，但是蔡锷的父亲蔡正陵却十分支持小蔡锷念书。蔡锷十分聪颖，十几岁时便读完了四书五经，十三岁就中了秀才。

甲午战争后，民族危机日趋严重，维新派掀起了改革教育体制的风潮。光绪二十三年（公元1897年）秋，湖南时务学堂成立，梁启超任中文总教习，在新任学政徐仁铸的举荐下，蔡锷至长沙投考时务学堂，成绩名列第三，其时他还不满15岁。

蔡锷在学堂中深得梁启超平等人权学说的影响，光绪二十四年七月（公元1898年8月），湖南地方当局选拔学生出洋留学，应试者5000人，蔡锷以第二名入选。不料八月，戊戌政变发生，谭嗣同等六君子殉难，维新运动失败，梁启超也逃亡去了日本，故蔡锷留学之事也被搁置了。

由于维新的失败，时务学堂就此解散，蔡锷只好在次年夏考入南洋公学。时值暑假，他在南洋公学寄居月余，却忽接梁启超自日本来信，原来梁启超从来没有忘记这个聪颖的学生，他托人多方打听，终于闻得了蔡锷的下落，并资助他到日本留学。蔡锷此时终于圆了留学梦，在梁启超的资助下，得以就读于东京大同高等学校。

在日本蔡锷便参加了自立会，决心以武力发动起义，推翻腐朽不堪的清政府，让中国走向共和时代。

为实现救国救民的抱负，蔡锷决心改习军事。光绪二十七年（公元 1901 年），他在陆军成城学校学习。毕业后为了锻炼自己，曾投日本仙台骑兵第二联队实习。

过硬的军事素质，让蔡锷有了成为一代名将的底气。

宣统三年（公元 1911 年），蔡锷回国在云南参加了云南起义，蔡锷被当时的云南同盟会成员推举为了云南临时总司令，昆明起义成功后，蔡锷被推举为云南督军。

辛亥革命成功后，蔡锷曾经走了一段弯路。由于孙中山和黄兴等人对袁世凯的妥协，袁世凯当选为临时大总统，这就是历史上著名的"南北议和"。

蔡锷天真地以为，中国已经结束了帝制，走上了正轨，在大总统的统辖下，中国一定会再次走向统一、富强的。

但是，他没有想到，中国各方面的派系林立，宋教仁联合了同盟会等政党建立了国民党，企图对抗大总统袁世凯。而袁世凯也没有想要共和的意思，他的独裁统治引起了上下的不满。

1913年3月20日，袁世凯派人刺杀了国民党代理理事长宋教仁，并向英、法、德、俄、日五国银行借款，准备发动内战。孙中山等国民党人忍无可忍，决定武装讨袁，二次革命爆发。

但袁世凯着实厉害，他的北洋军已经训练多年，十分骁勇善战，二次革命很快就被镇压了下去。孙中山等人也只好再次流亡日本。

虽然，二次革命失败了，但是袁世凯一直非常忌惮和国民党颇有渊源的蔡锷，由于蔡锷早年曾参加过统一共和党，而这个党派现在已经并入了国民党的范畴，所以袁世凯一直将在西南地区拥有重兵的蔡锷视为他的眼中钉、肉中刺。所以，他很快将蔡锷调往北京，委以高官厚禄，实际则是软禁、监视起来。

蔡锷本想把富国强兵的希望寄托在袁世凯身上，但他天真的想法被严酷的现实击得粉碎。

蔡锷在北京任职期间，正是袁世凯对内实行独裁、意图复辟帝制，对外大举卖国、换取帝国主义支持的时期。蔡锷看在眼里，却闷在心头，他就是在这种情况下，才到了小凤仙的妓馆中解一解心头的苦闷。

小凤仙得知来的人就是蔡锷，更添了几分敬重，便问他来京的缘由，蔡锷假意说是为了攀龙附凤，图些功名富贵而已。

不料，小凤仙却突然正色道："你去做那华歆、荀彧，好好侍候曹操吧！我的陋室龌龊，容不下你这富贵中人！"

原来小凤仙虽然处在京城妓院之中，却对天下大势了如指掌，她一心看不上袁世凯，认为他是像曹操一样的白脸奸雄，错怪蔡锷服侍奸臣。

蔡锷闻听此言，怎能不理解小凤仙的用意，但此时却不能把自己的苦闷尽数倾诉，他此时只好站起身来说：“既然佳人下了逐客令，久留无益。且自去吧！有缘再会，就此告辞！”

蔡锷和小凤仙的初次见面就在这样不愉快的情境下结束了，但无疑蔡锷再也忘不了这个在烟花丛中，却见识非凡的女子了，他出了妓馆的门，感叹道：“满以为此次进京毫无益处，却没有想到可以结识这样的奇女子，总算不虚此行了！”

琴音！情意！

中国的民主共和之路走得异常艰难，这和中国五千年的帝制有关，中国历史上无论是农民起义领袖，还是地方割据的军阀，都愿意图一个“君临天下”的虚名，哪怕只是一天都好，即便是到了民国，这样的思想依旧根深蒂固。

前文提到的溥仪就做了半辈子的复辟梦！而中国还有一位野心家，本可成为中国近代史上最伟大的人，但就是因为他错走了一步，从而使他的英明尽毁，这就是北洋军阀的鼻祖袁世凯。

袁世凯自从当上大总统后，实际已经是中华民国最高领导人了，但是他仍旧想要那个在中国人心中人人唾弃的名字，“皇帝”。

为了这个名号，他不惜和日本签订了丧权辱国的“二十一条”，不惜跟许多自己的亲派反目，不惜自绝于人民。

但是他也知道想要复辟只是靠自己老哥一个也是不成的，蔡锷就是他监视并笼络的对象之一。袁世凯叫他的大公子袁克定拜蔡锷为师，排定日期讲解军事科学及为将之道，并面许将来陆军总长一职非蔡锷莫属。

蔡锷深知自己处境险恶，便求计于在天津居住的恩师梁启超，梁启超给他的话很简单：“不妨表现得忠心耿耿，积极劝进，以图摆脱羁系，再造民国。”

高！实在是高！

老师就是不一样，隐忍而后发实为上策，从此蔡锷开始了阿谀奉承的生活，积极劝谏袁世凯称帝，并成为了筹备袁世凯登基的“筹安会”的主要成员。

但是在人前卑躬屈膝的样子，蔡锷却厌恶极了，他在无人的时候，却总难以排解自己心中的苦闷。而自从他遇到小凤仙后，感到了难以名状的快乐，虽然这种快乐只是那么一小会儿，但是蔡锷已经深深迷上了这种感觉。

没过两天，蔡锷再次来到了小凤仙的门前，老鸨都不敢相信自己的眼睛，被小凤仙撅走的客人很多，却从来未见有回头客，这客商不知是甚缘故又回来了。

蔡锷刚进了小凤仙的房间，小凤仙便调侃道：“你何不去做华歆、荀彧，哪儿有闲功夫到我这来？”蔡锷笑说：“华歆也好，荀彧也好，自有他人做，暂时还轮不到我。”小凤仙听后也是嫣然一笑：“恐怕不是轮不到你，而是你不屑于去做吧，你也不必再瞒我了！”蔡锷说道：“我最近通电拥护袁世凯当皇帝，你又要讥笑了吧！”这一回小凤仙正经八百地迎了上去，说道：“英雄处事，令人难测高深，今天做华歆、荀彧，安知明天不做陈琳？”

蔡锷听后，一阵叹息，没想到小凤仙所料与自己心中所想不差分毫，心中暗自惜叹难得小凤仙有这样的慧眼、慧心，可惜天妒红颜，竟然沦落风尘，令人可惜。

小凤仙见蔡锷惆怅，便走到琴前，揍了一首《高山流水》，委婉真切，情义淋漓。小凤仙的琴技高超，再加上满负深情的演奏，一曲琴音道尽了人世苍凉，世间百态，也最终打动了蔡锷的心，他深切地感觉到眼前的女子就是自己的知音。

听后，蔡锷自是听懂了琴中的苦涩哀愁之音，便问道小凤仙有何难事?

小凤仙不觉间已是垂眉低首，珠泪莹莹，后索性呜呜咽咽地放声大哭起来。经过泪水的洗礼，小凤仙掏心挖肝地将自己的身世，向蔡锷尽情地倾诉了一番，并对蔡锷说道:“我虽弱女子，倘若不弃，或许可以为君解忧，请勿仅视我为青楼的薄情女郎。”

蔡锷却说:“来日方长，何必急在一时?”

小凤仙以为蔡锷有意敷衍，不禁脸上变了颜色，问道:“你还在怀疑我吗?”说罢，忍痛一咬，把舌头嚼烂，把血喷了一地，说道:“我如果将来泄露你的秘密，有如此血!”

蔡锷万没有想到小凤仙竟然有如此血性，刚烈非常!他慌忙掏出手帕为她擦拭嘴边的血迹，然后一把把小凤仙揽入怀中，说道:“你这是何苦呢，我已经知道了你的真诚，只是怕隔墙有耳，你不急，以后慢慢告诉你。”

“莫道前路无知己，天下谁人不识君！”

唐代诗人高适的这两句诗，正是在迷途中的蔡锷心里的真实写照。因为他终于遇到了一位知己，可以倾诉自己心中的真实想法。

从此之后，两个人推心置腹，视为知己，迅速坠入了爱河之中。

最高明的障眼法

英雄了得的云南督军，竟然与八大胡同里的一个妓女打得火热，这条新闻迅速在坊间传开，成为了当时一桩十分惹眼的八卦新闻。

袁世凯也听到了这个消息，生性多疑的他，叹道：“蔡松坡果真乐此不疲，我也可以高枕无忧，但恐怕醉翁之意不在酒，只不过是借此过渡，瞒人耳目而已！”

蔡锷和小凤仙的情是真的，但也确有为他掩饰之意，蔡锷闻得袁世凯的反应，干脆来了个“将情就计”，屡屡在小凤仙的宅邸设宴请客，把这桩情事公开化了。然后，他又大兴土木，重建了晚清时一个侍郎的大宅，扬言要把小凤仙娶进门当妾。

于是，满城的指责，各种流言蜚语纷至沓来，蔡家也是风波迭起，蔡锷的原配夫人刘侠贞气得七窍生烟，怒道："酒色二字，最是戕身，何况你身体欠佳，更不应征花逐色。大丈夫应建功立业，留名后世，怎能寄情勾栏，坐销壮志呢！"

蔡锷大怒，竟然对夫人拳脚相加，蔡宅内鸡犬不宁，好不热闹。

蔡夫人一气之下，说要把婆婆带走回老家去，蔡老太太一开始就站在儿媳一边，经常一把鼻涕、一把眼泪地数落儿子的不是。袁世凯听闻后，都觉得蔡锷做得太过分了，马上派人从中调停，但无济于事。

"一屋不扫何以扫天下？"

经此一事，袁世凯对于蔡锷的认识大打折扣，连家务事都搞不定的蔡锷，为了个烟花女子闹得全家不安，实非可托付大事之人。

刘侠贞也是个刚烈女子，不久就带着婆婆回湖南老家去了。

但是，袁世凯这脑瓜转得也非常快，当蔡家一门老小走后，他突然觉得这似乎像是一场阴谋！会不会是蔡锷母子、夫妻，还有小凤仙使出的一条苦肉计，为的就是让蔡家老小都脱离北京这块是非之地呢？

但是，一来没有证据，二来人已经走了，现在做什么根本于事无补！

所以，袁世凯又重新正视起了眼前的这位宿敌蔡锷，如果真的如他推测的一样，蔡锷必将会找个机会也离开北京，阻碍自己的帝业。所以，对蔡锷监视的人员增加了数倍！

不管怎样，蔡锷意识到北洋政府还是容不下他，他必须苦思脱身之计，否则真到了袁世凯登基那一天，自己也真成了千古罪人，百口莫辩了。

而为了配合蔡锷的逃脱，小凤仙的闺房就变成了一个秘密的情报收发站，蔡锷在北京接发密电，联络全国的反袁义士都是在这里完成的。

而袁世凯已经察觉到了蔡锷似乎在与一些人秘密联系。1916 年元旦后，突然一日晚间，棉花胡同的蔡宅被军警翻箱倒柜搜了个底儿朝天。事后官方的说法是有人冒充军警，企图抢劫，还枪毙了一个叫吴宝鋆的人企图掩盖事实真相。

蔡锷心中明镜一般，北京决不可再留，他把自己逃脱的时间定在了民国四年（公元 1915 年）十二月一日。

但是，对于小凤仙，要如何对待呢？是带她一起走，还是先把她留在天津？

小凤仙和蔡锷的爱情，颇像戏里的白娘子和许仙，虽然有爱，却难以长相厮守。

思来想去，蔡锷含泪对小凤仙说："同行多有不便，将来成功之日，必不相忘！"

小凤仙没有意外，没有悲伤，而是为自己所爱的人唱歌践行。

蔡锷听着小凤仙动人的歌声，止不住眼泪流下，并深情地说道："但愿他日能够偕老林泉，以偿夙愿！"

小凤仙相信蔡锷的承诺！也相信蔡锷的革命一定能够成功！

从这日起，小凤仙与蔡锷日日乘坐敞篷马车，畅游京畿一带名胜古迹，招摇过市，故意令人有目共睹。

民国四年十二月一日，北京城内大雪纷飞，正是天助蔡锷！

这日，蔡锷又与小凤仙作踏香寻梅之游。马车经过前面车站，蔡松坡竖起了衣领，压低了毡帽，突然混进了人群之中，登上了开往天津的三等列车。

就这样，蔡锷成功地借助大雪和小凤仙的掩护，逃脱了袁世凯的监视，这就是著名的“美人挟走蔡将军”的故事。

在电影《建党伟业》中，刘德华扮演的蔡锷将军，在临行前，对小凤仙说：“我身已许国，不能许卿！”然后，刘天王眼角处流下两行泪来。

我想，在实际的环境下，蔡锷是不可能有时间做这般从容的告别的，但是他的心中一定已经念了一万遍：“卿请等我，待到民国重建之时，必是你我重逢之日！”

望断归来路

蔡锷辗转到了日本，见到了当时在日本的孙中山，秘密商讨了讨袁的细节。

到了日本后，蔡锷立即拍发电报回国，向袁世凯请假医病。袁世凯无可奈何，虽然恨得咬牙切齿，只得回电：“悉心调理，愈后早日归国，用副倚任。”

在日本接到袁世凯的回电后，蔡锷又写了封亲笔信给袁世凯，说道：“趋侍钧座，阅年有余，荷蒙优待，铭感五内。兹者帝制发生，某本拟捐埃图报，何期家庭变起，郁结忧虑，致有喉痛失眠之症，欲请假赴日就医，恐公不我许，故而微行至津东渡。且某此行，非仅为己病计，实亦为公之帝制前途，谋万全之策。盖全国士夫，翕然知共和政体，不适用于今兹时代，固矣！惟海外侨民，不谙祖国国情，难保无反对之心，某今赴日，当为公设法而开导之，以钳制悠悠之口。倘有所见闻，将申函均座，敷陈一切，伏气钧鉴。"

这像是对袁世凯的最后通牒，告诉他如果你不遵从共和，妄图恢复帝制，那我蔡锷就是第一个反对你的人。

袁世凯接到蔡锷的信，气得火冒三丈，喃喃自语："这个小蛮子潜赴东京，瞒得我好苦，还要写信来调侃我！"急电驻日公使陆宗舆就近侦察蔡松坡的行踪，相机刺杀，免贻后患。

然而，蔡锷在日本见到了准备组织反袁的孙中山，孙中山已经安排他回香港，不久便绕道越南，由蒙自进入云南，组织了"护国军"起义讨袁去了。袁世凯想在日本杀害蔡锷的计划落空了。

再说小凤仙，自从与蔡锷一别，便整日呆在了与蔡锷厮守的闺房中，闭门谢客。那些想见她一面的纨绔公子，全都被她挡在了门外。小凤仙此刻非常坚定，她要坚守那份刻骨铭心的爱恋，守候那份牵肠挂肚的思念。

此时，袁世凯终于称帝了，他掀开了遮羞布，最终如愿以偿，得到了那个虚名。但是他同时得到的是全国人民的声讨，就连他的老部下冯国璋也公开反对袁世凯称帝。

而这时，蔡锷已经到了四川，率军正在跟吴佩孚的军队鏖战，并最终取得了胜利。袁世凯见大势已去，从登基算起只过了七十三天就在绝望中死去。一代枭雄，却在人生的最后几个月里落了个身败名裂。

袁世凯死后，黎元洪代理总统，任命蔡锷为四川都督。蔡锷由于带病操劳，喉疾更加严重，日日咳血。

小凤仙终于得知了蔡锷在川的消息，马上写信与他："拟履行前约，愿来川中伴君。"由于蜀道难，再加上战乱频起，这封信是在数月后，才送到蔡锷手上。

蔡锷当时的病情已经十分严重了，但是他看到小凤仙的信，还是十分感动，硬撑着身子给小凤仙回了信，说道："自军兴以来，顿罹喉痛及失眠之症，现在都督四川政务、军务，实在是难却中央的盛情，所以勉为其难，等到大小事情布置就绪，就出洋就医，到时就偕你同行，你暂时等一下。”

小凤仙看到了蔡锷的回信，非常担心他的健康，有心亲自去四川看望，怎奈路途遥远，外加沿途都在打仗，自己一个女子又怎么能安全到达蔡锷的身边呢？所以她只好继续焦急地等待着。

但是，蔡锷的喉疾已经到了不能正常说话的地步，中央政府立即批准了蔡锷赴日治疗的申请，但是当蔡锷到了上海之后，病情严重恶化。由于十分危急，根本不容许他再把小凤仙从北京接来。

上了轮船的蔡锷，望着北京的方向，知道自己没有实现自己的诺言，但是他也心中明白自己的病情，恐怕自己的生命也不会长久了，与其生离死别，还不如早早了断了这段情缘。

1916 年 10 月 31 日，蔡锷在日本闻知革命家黄兴去世的消息后，十分悲痛，嗟叹不已，而他自己的病情进一步重了，已经难以起身了。

1916 年 11 月 8 日凌晨，病入膏肓的蔡锷在日本福冈医院逝世，享年三十四岁。

小凤仙接到蔡锷的死讯后，犹如坠入了万丈深渊，悲痛欲绝，泪如雨下。她万万没想到，自己与蔡锷的情缘竟然会如此短暂，北京一别竟成了他们的永别。回想起蔡锷和她在一起的甜蜜时光，想起蔡锷对她的承诺，幻想着她与蔡锷长相厮守，可这一切在此刻都变成了泡影。

蔡锷的灵柩很快从日本运回了上海，上海军政两界及许多驻上海的外国使节们参加了追悼大会。

小凤仙托人寄来了自己写的两幅挽联：

其一：

“不幸周郎竟短命，早知李靖是英雄。”

其二：

“万里南天鹏翼，直上扶摇，那堪忧患余生，萍水姻缘成一梦；几年北地胭脂，自悲沦落，赢得英雄知己，桃花颜色亦千秋。”

这两副挽联中，小凤仙把自己比作了三国时周瑜的夫人小乔和唐朝时李靖的红颜知己红拂女，虽然蔡锷短命，但是能够结识并与这样的英雄相爱，已经是她人生中最为满足的事情了，虽然悲伤，却也不悔!

对于蔡锷的哀悼，不只是在上海，在北京举行的蔡锷将军的公祭时，小凤仙身着蓝布大褂，亲往致哀。她在蔡锷的灵牌前，哭得昏死了过去，来祭奠的人们无不感动小凤仙对蔡锷的情意。

这次公祭后，有人在小凤仙的房间里发现了一张书信，而小凤仙却不知所踪了。

书信上这么写道:

“妾与蔡君生不相聚，死或可依，或者精魂犹毅力，飞跃重洋，追随蔡君，依依地下，常作流寓伴侣。如或不能，妾愿化作恨海啼鹃，望白云苍茫中，是我蔡郎停尸处，夜夜悲鸣罢了。”

这封书信，一经公开立即在京城引起了轰动，信中那让人痛彻心扉的感情，让很多人都认为小凤仙就是天上的仙女下凡，就是为了成就与蔡锷的一段悲剧般的姻缘而来的。

从此之后，小凤仙的生死便成了俗世间人们津津乐道的一个话题。

红颜飘零

其实，故事如果讲到这里，就已经非常符合现代人的审美了，是一个完美且凄凉的爱情故事。

但是，我要强调的是我写的是历史而不是小说，我们必须尊重史实，因为小凤仙并没有死，她在中国解放后又出现了，我们从很多人的回忆录中，终于了解到了她在蔡锷故去后的三十多年里的生活状态，这个女人的经历又重新浮出了水面。

原来，自蔡锷去世后，小凤仙确实一度怀有殉情的念头，她准备离开她的伤心之地北京，而她把自己自杀的地点选择在了天津。

当她登上了从北京开往天津的列车后，一件意外却突然发生了，原来这辆列车发生了重大脱轨事故，车上死伤了很多人，万幸的是小凤仙躲过了一劫，安然无恙。

看着车上车下的死难者，小凤仙第一次深切地感触到了死亡的可怕和生命的可贵。这让她来到天津后，放弃了死的念头，而是想与世无争地活下去!

她来到天津后，租了一间简陋的屋子，靠替别人做手工过着隐居的生活。但是，民国并不是个清平的世界，你不去找麻烦，不代表麻烦不来找你。

直奉战争在京津打响后，天津很快就沦为了张作霖的东北军的天下，在军阀的混战下，这种单纯的手工行业根本没有保障，小凤仙此时面临着巨大的生存危机。

而这时，奉军中一位姓梁的师长（具体名字并没有明确的记载），在天津期间就住在了小凤仙所住的大院里。

当小凤仙见到他第一眼的时候，她便觉得，无论从军人的气质还是相貌上，这位梁师长像极了一个人，那就是她已故的情郎蔡锷将军。

而这位梁师长也被小凤仙的美丽和谈吐所吸引，两个人同住在一个院子里，自然嘘寒问暖，渐渐地便有了些感情。

在这里，不要怀疑小凤仙对蔡锷的感情有了什么样的变化。抛弃了生存观念的爱情都是虚无飘渺的神话，只会出现在爱情小说里。对于一个深处乱世的孤独女人来说，寻找一个感情的寄托和一份终身的依靠是现实且必要的，这不是小凤仙对蔡锷感情的一种背叛，所谓背叛的那种思想是自私的、封建的。我们必须要理解，这是一个女人对于自己一种生存方式的妥协。

奉军败退后，梁师长向小凤仙提出了要带她回老家辽宁铁岭，小凤仙没有拒绝，到梁师长家里去了，他对她很好，虽然小凤仙只是做了四姨太，却从来没有人欺负她。小凤仙生活过得简单且富裕，比在天津时强了很多。

但是，遗憾的是这位梁师长不久便病故了，而这位梁师长到死也不知道，自己的这位四姨太就是当年轰动全国的奇女子小凤仙。这恐怕是小凤仙对于这位丈夫的一种尊重吧，如果告诉了他真实的身份，丈夫的心中必然会留下一个阴影，还是让秘密留在自己心里吧！

梁师长给小凤仙留下了一大笔财产，足够其后半生支用。小凤仙再次离开了辽宁铁岭而到了奉军的首府沈阳。

整日无所事事的小凤仙经常到皇姑区的金城电影院去听评书，在这里她结识了两个人，一个是张学良少帅的红颜知己赵四小姐，还有一个是陪同赵四小姐来的大帅府的工作人员叫李振海。三个人都是评书迷，一来二去便成了无话不谈的朋友。

赵四小姐也是位有真感情的女子，和小凤仙一样经历了刻骨铭心的爱情，两个人越谈越亲近，到后来小凤仙常常到赵四小姐居住的别馆去做客。

由于感情上的同病相怜，小凤仙便把自己的真实身份告诉了赵四小姐，赵四得知真情后，非常激动，没想到眼前的女人，便是蔡锷将军的红颜知己小凤仙，从此对她更加敬重了，当然知道这个秘密的除了赵四小姐外，还有李振海。

之后的“九·一八”事变，少帅张学良等人退出了东北，而李振海却没有走。在日军的控制下，沈阳的局势异常紧张，而梁师长给小凤仙留下的财产也被日军搜刮得差不多了，这时李振海便来接济小凤仙，小凤仙这才得以存活下来。

抗日战争结束后，接着又是一场不可避免的内战，人民的生活困苦极了，而沈阳又被解放军包围了起来，这时即便是有钱却没处买粮食去。此时，又是李振海挺身而出，接济小凤仙，才让她可以度过那最艰难困苦的岁月。

直到 1949 年，已经四十九岁的小凤仙做出了一个决定，与五十三岁的李振海结婚，并且把自己的名字改成了一个意味深长的名字“张洗非”。

这次的婚姻，难说是因为爱情或爱慕，可能更多的是一种报恩的心态。

小凤仙此时成为了四个孩子的继母，而李家的四个孩子根本不知道小凤仙的真实身份，但是他们却可以隐约地感觉到小凤仙肯定是个大有来历的女人。

小凤仙在李家的生活依旧保持着那种贵族生活的姿态，穿衣打扮依然讲究。而小凤仙在李家做的最多的事情就是经常会拿出一张照片看了又看。

李振海的女儿李桂兰非常奇怪，就凑过去看那张照片，小凤仙见孩子凑过来，倒也不隐晦，任由她看来看去。李桂兰看得很清楚，照片上是个很英武的军人，肩上有着很大的章，衣服上还有很多金黄色的穗。当时，李桂兰非常奇怪，便问小凤仙这是谁？小凤仙淡淡地一笑回答："这是一个朋友。"

李桂兰当时自然不敢多问，但她却心知肚明，这位继母是个有故事的女人，她散发出来一种发自骨子里的神秘感。

当时小凤仙没有工作，而李家的生活来源完全靠李振海一个人在支撑，生活困难可想而知，小凤仙虽然也想出去工作，但是她从小所学除了取悦别人并无其他的特长，找工作十分困难。

而这时，恰巧发生了一件事情，1951 年年初，京剧艺术大师梅兰芳率剧团去朝鲜慰问赴朝参战的志愿军，途经沈阳演出，下榻于当时东北人民政府交际处的招待所。

小凤仙和梅兰芳在北京时就认识，而且关系很好，小凤仙就通过在政府工作的大儿子李有才找到了梅兰芳，梅先生见到小凤仙后也是大吃一惊，对她十分的客气。

这让李有才兄妹都觉得继母确实并非一般的女人，那次见面后，梅兰芳托人解决小凤仙的工作问题，小凤仙被安排在了东北人民政府机关学校做了保育员。此时，小凤仙终于有了稳定的工作和收入，再也不用依靠丈夫的微薄收入过活了。

从此之后，小凤仙的生活变得很有规律，每天早晨出去遛弯，自己的衣服都要自己洗，对孩子们也很温柔，从不谩骂。街道组织的活动，小凤仙都积极参加，有时候还拉着二胡唱上一段，宣传党的政策。但是，小凤仙就是对自己身世只字不提，而李振海也对此事守口如瓶。

谁也不会想到，这样的舒心日子只过了三年，

1954年秋，小凤仙突然得上了脑血栓，生活完全不能自理了。不久，她的病情突然恶化，很快就离世了。

据说，在小凤仙临终前，她的意识突然清醒过来，一直想说点什么，却始终不能吐出一个字来。

葬礼上，李振海把小凤仙最喜欢的照片放进棺材里，而装有小凤仙所有秘密的一只柳条箱，也被李振海直接烧毁了。这只箱子是小凤仙从北京八大胡同出来后时刻不离身的“宝物”，箱子里装的什么她从来不给外人看，只是自己时常悄悄地打开看上几眼。

在熊熊的大火中，那个属于小凤仙的乱世传奇结束了。逝去的岁月和那段青春年少的爱情故事，随着葬礼的火焰终结了。

小凤仙的真实身份，直到1961年梅兰芳去世的时候，人们才从他的回忆录中得知了她的故事。李家的孩子们才知道自己的继母原来是那个名震上海、名满京城的小凤仙。

这个一生中充满了真情的女人，带着谜一样的身世和经历，在孤单中走完了她五十四年的曲折人生。

我斗胆以此文，在历史的尘埃中，掀开了那几乎被人忘却的一角，写完本章的一刻，我似乎看到了那个含着泪带着神秘微笑的小凤仙，正在阅读着蔡锷将军给她写的那副对联：

“不信美人终薄命，从来侠女出风尘。”

章四　两个女人只为一个男人而活，于凤至和赵四小姐的风雨人生

张学良是中国近代不能绕过去的一个人物，他年少成名，是东北王张作霖最为器重的儿子，被称作东北少帅，日后他在中原大战中武装调停，宣布东北易帜，中国终于在名义上实现了统一。而西安事变中软禁蒋介石逼他抗日的壮举，更是成为了张学良一生中最为辉煌的时刻。

而在情场上，张学良依旧是个传奇，我们记住了他和赵四小姐的那一段跨越了世纪的爱情故事！更记住了他们相濡以沫、不离不弃的人生。

但是，历史不只属于那些聚光灯下的人物，而有一些站在历史舞台的灰暗角落里的人，也同样为历史的进程作出了自己卓越的贡献。

我们不应该忘记，张学良身边不只赵四小姐一个女人，他还有一位原配夫人于凤至，这个女人的故事一点儿也不输给赵四小姐。在张学良人生最低谷的时候，她和赵四小姐一样，一直在用自己的努力守护着自己的丈夫张学良。

这两个女人的故事充满了悲伤的色彩，我今天就来谈一谈于凤至和赵四小姐两个女人在张学良的人生中到底起到了什么样的作用?

少帅风流

张学良出生的时候，张作霖还在当他的山大王，在绿林中滚打。张学良很小就跟着他爹，在东北的山林中过着刀口舔血的生活，颠沛流离，痛苦不堪。

不过，张学良却很幸运，在他到了上学的年纪时，张作霖就被清廷招安，做起了清军的军官。

而对待张学良的教育，土匪出身的张作霖显示出了他的开明，虽然他自己没有念过什么书，但是张作霖从来不以自己是大老粗为荣，他想让儿子成为一个有知识、有学识的青年。

让人感到十分意外的是，张作霖不只关心中学，他还特意请来了洋教师，教授张学良英文，这些都证明，张作霖虽然是个大老粗，但却是一个目光长远的人，他非常尊重知识，相信知识的力量能够改变世界，这是难能可贵的。

张作霖一心想要把张学良培养成自己的接班人，但是张学良小时候可对自己承袭父亲的基业不感兴趣，他很想学医，还想去美国深造。

这弄得张作霖很不爽，他严厉地批评了儿子的想法，认为当医生那活张学良根本就干不了，还是到军队中谋个差事比较妥当。张学良只好留在了国内继续学习。

知子莫若父，张作霖深知自己这个儿子并不是个老实巴交的孩子，虽然当时他只有十六岁，但是要收住这个孩子的心，必须要给他娶妻了。

张学良的亲事，是在他很小的时候就定下来的。原来张作霖还在绿林当土匪的时候，他就受到了当时的大富商梨树县商会会长于文斗的照顾，两个人结下了深厚的友谊。

这于文斗眼光独到，他早就看出张作霖并非等闲之辈，虽然当时委身为贼，日后必然会称雄一方，所以他编了一套谎言，说自己有个女儿叫于凤至，被算命先生看过，说她“福禄深厚，乃是凤命”。

张作霖从小就听各种评书，都知道要当“皇帝”的人都要靠一些偈语，这于凤至如果是凤命的话，如果让她日后嫁给自己的儿子，是不是老张家就是当皇帝的命了呢?

这个逻辑不一定成立，却非常诱人，张作霖便向于文斗提起了娃娃亲，结果两个人一拍即合。张学良和于凤至的娃娃亲就这样定下来。

后来，果然不出于文斗的所料，张作霖做了奉天督军，成了称霸一方的枭雄。而张作霖虽然权势熏天，却没有毁约，他在张学良十六岁的时候给儿子办了婚事，让他娶了于凤至做了老婆。

以优异成绩毕业于奉天女子师范学校，当时只有十九岁的于凤至是个十分漂亮的女孩，而且非常有教养，一点儿没有贵族家庭的架子，她到了家中便开始侍奉父母，照顾张学良的弟弟妹妹们，这是张作霖怎么也没有想到的。

张作霖一直在夸于凤至是难得的好媳妇，有了这样的媳妇，才能家和万事兴。但张作霖也非常清楚张学良的脾气，他洋学问学得太多，又整天跟一帮子讲“自由”、“民主”的美国人混在一起，自然想去追求那种自由恋爱的感觉。

即便是于凤至千好万好，但张学良的心中却对这桩包办婚姻十分的不满。张作霖怕他不答应这桩婚姻，在结婚前他向儿子妥协说：“你的正室原配非听我的不可。你如果不同意旧式婚姻，你和于家女儿成亲后，就叫你媳妇跟着你妈好了。你在外面再找女人，我可以不管。”

张学良得到了张作霖的承诺，在外便整日花天酒地，沾花惹草。对待于凤至他一直以“大姐”称呼，虽然于凤至既漂亮又温柔，但张学良一直拿她当姐姐一样对待，却不曾有过什么爱情。

在很多婚姻中，常常是爱情转化为了亲情。而于凤至虽然承担起了当妻子的所有的责任，也尽到了所有妻子的义务，但她在张学良的眼中却一直只是一个姐姐。

于凤至在这种尴尬的角色中徘徊着，她不曾有过什么怨言，眼睁睁地看着自己的小丈夫在声色场中尽情地玩耍，而自己却要在家中照顾公婆和孩子们，到了晚上于凤至常常独守空房，一人承受着寂寞的痛苦。

作为妻子，她早就知道张学良和张作霖之间的约定，也知道张学良在外与别的女人有染。于凤至面对这些默默地把苦涩埋在心底，不曾哭闹、不曾怨恨，继续无微不至地照顾张学良，对他问寒问暖。

张作霖把这些事都看在眼里，觉得十分愧疚。所以在后来的日子里他对于凤至格外关照，事事都高看一眼。就连他平时发怒时，只要于凤至一劝，便怒气全消了。

而张学良虽然未改其风流成性的毛病，但是他渐渐地被于凤至的所作所为感动，也时常会呆在这个大姐身边与她温存一番。

不过，当时民国并不是什么太平盛世，军阀们几乎每一天都在打仗。军人不可能整日呆在家里和妻子温存，刚刚对于凤至态度有所好转的张学良却不得不在此间离开东北。

1925 年，张作霖以张学良为帅，东北军出关，将孙传芳打败后，一路南下攻入了上海。

东北军在占领上海后，张学良立即成为了这十里洋场上海滩的明星，小报开始追踪这位“帅哥”在上海的一举一动，当时很多名媛、电影明星都和张学良有染。

而最为爆炸性的新闻就是张学良和宋美龄的频频约会。

各种小报上屡屡刊登了张学良和宋美龄跳舞、约会、游玩的照片。两个人的绯闻在上海城上空满天飞扬。

而这些小报有一部分在天津发行，此时一个十四岁的少女正坐在天津的家中端详着报纸上张学良的照片，此时少女的心正在快速地跳动着，心情难以名状的兴奋。

这个女孩叫赵一荻！恐怕连她自己都不会想到她会和报纸上的这个男人展开一场近一个世纪的爱恋。

赵家四小姐

在天津的《北洋画报》曾经以一位美人的照片作为封面，当时这位美人面目清秀，身材高挑，很符合民国时期的审美要求。

封面女郎就是赵一荻（即赵四小姐），拍那张照片时，只有十四岁。

赵一荻 1912 年生，原籍浙江兰溪，出生于香港，她的母亲是个贤慧而勤劳的妇女。因为她出生时东方天际出现一片绮丽多彩的霞光，所以她又名绮霞。

赵氏家族是晚清时是一个显赫的大家族，其父赵庆华是晚清的监生出身，曾任九广铁路督办，交通银行上海支行经理，京浦铁路和京沪铁路两路局局长。

到了北洋政府时期，他历任津浦、沪宁、广九等铁路局局长，曾任东三省外交顾问，并官至交通次长，参议院参议员。

交通部门的官员在晚清和民国时都是一个肥差，赵庆华掌握天津附近多处的铁路局，敛财是大大的。他随后在天津京津两地购置了大量的房产，还开了一家西山饭店。

赵一荻就出生在这样的豪门里，她早年就接受了教会学校的教育，活跃在京津上流社会的交际圈中，由于她的美丽和高挑，再加上良好的背景，很快就成为了很多有权有势公子追求的对象。

但是，这些浪荡的王孙公子岂又是赵四小姐能够看得上的，直到她看到了报纸上的张学良，她才真正动了那颗被封存已久的少女之心，抱定了嫁人就要嫁张学良这样的男人的决心。

赵四当时年纪尚小，还不知道，其实他们赵家和张家有着很深的渊源。原来赵庆华和张作霖早就认识，而赵四小姐的两位兄长，也早在张作霖占领北京后就结识了少帅张学良，当时还常邀请他到北京的家中做客。赵庆华也见过张学良，对他的印象非常好，还夸他是少有的青年才俊。

赵庆华父子接近张作霖父子，当然有他们很深的政治目的，为的就是能在张作霖的庇护下，维持他们大家族的地位。赵四小姐哪里会关心这种在官场上尔虞我诈的事情，所以对父亲、哥哥早就认识张学良的事情，一概不知。

直到 1927 年 5 月，张学良和赵四小姐终于在一次舞会上碰面了。

春天里的夜晚，天津的蔡公馆此时灯火通明，这里正举行着一场别开生面的家庭舞会，与会者大都是天津名流，赵四小姐跟着姐姐来到了舞会上。

舞会本就是一个放下身份尽情舞蹈的地方，而赵四小姐一下舞场，立即就变成了全场的焦点。

而此时，张学良就在蔡公馆，他看到了赵四小姐，看到了这个艳丽的女人，心中立刻荡漾起来。一曲完毕后，马上有人给张学良和赵四小姐引见，张学良这才知道她原来是赵庆华的女儿，所以对这位小姐又亲近了几分。而赵四也没有想到两年前，在报纸上看到的英俊少帅就在自己的眼前，过度的兴奋让这个“小姑娘”有点不知所措。

舞曲又开始了，张学良一伸手，要请赵四跳舞。赵四嫣然一笑，立时投入了少帅的怀里，共舞了一曲。一个是名满津城的名媛，一位是叱咤风云的少帅。这两人凑在了一起，立时引来了舞会各方人士的目光。

一曲毕，两个人谁都不愿意分开，随即又跳了下一支曲子，就这样便一曲曲地跳了下去。这一晚上，张学良感受到了从未有过的幸福，他身边从不缺少美女，但是今晚不同，眼前的这位赵家小妹，在她的身上有一种不同于以往女人的特殊魅力吸引着他。

舞会结束后，张学良在分别之际，找了个背人的地方与赵四告别。赵四亦含情脉脉望着他，似乎两个人在这时就已经定下了爱到天荒地老的誓言。

分手时，张学良吻了赵四，而赵四也欣然接受了。

从此之后，张学良的生活里就再也难以离开赵四的身影了。人们常常见到二人一起出现在香山饭店的高尔夫球场上一起打球，还常常看到二人到碧云寺去上香、朝拜。就连张学良到北戴河去避暑，赵四都会从天津赶来，日夜陪伴少帅。

正在两个人的感情发展到如火如荼的时候，却发生了一件天大的事情。这就是在溥仪皇妃的那一章中提到过的，1928 年 6 月 4 日，这天恰巧是张学良的生日，可就在这一天奉系军阀张作霖被日本人炸死在从北京回奉天的列车上。

背负着国仇家恨的张学良必须马上动身返回奉天去主持大局，但是这一去，不知道何时才能再跟赵四相聚。张学良离开的前一天，他找到了赵四，欲向其告别。

赵四早已经察觉到了东北方向似乎有大的动荡，张学良才会这么焦急地赶来跟自己告别。还没等张学良说上几句，她便把自己的感受一股脑地告诉了他，原来她早就下定决心一生只爱少帅一个男人。

浓浓的情意，让这两个深陷痛苦中的情人，相拥在一起，痛哭了起来。

两情相悦，却又无疾而终的感情比比皆是，他们的这段情，会就这样画上句号吗？两个人的心中此时都是一个大大的问号。

私奔与容许

由于东北方向的众志成城，对张作霖的死亡秘不发丧，给张学良返回奉天掌握东北军的政权赢得了时间。除了奉天主持政务的省长刘尚清、军署参谋长臧式毅等人的努力外，值得一说的还有张作霖的五姨太“寿夫人”，这个女人长得妖艳漂亮且十分有心计。

日本人派出各路间谍，无孔不入地打探张作霖的消息。但寿夫人却十分冷静，她令厨房按时“开饭”，令医生按时“开药”。还每天都和往常一样浓妆艳抹，高高兴兴地接待那些日本高官太太们对于张作霖的探视和慰问，一点纰漏都没有。

这出“死诸葛吓退活仲达”的好戏，让这个历史中微不足道的女人演得淋漓尽致，却不曾有一点破绽露出，所以历史不只属于那些大人物、大男人，更属于这些女人们。

张学良迅速赶回东北，想要继承父业。但是，这种维持大局的工作，并不简单。奉天内部派系林立，张学良没有上来就说自己想要继任东三省的保安总司令，而是推举张作霖的把兄弟张作相做总司令，但张作相坚决不肯。

老派军阀们见张学良如此的谦恭，都非常欣慰，都诚心表示会支持张作霖。

1928 年 7 月 2 日，张学良正式就职当上了东三省的保安总司令，成为了东北方面的最高统治者。东北军虽然被迫从华北撤退，但主力尚在，实力并没有因此削弱。张学良上任后，对军队和行政划归都做了整编，很快就在东北站稳了脚跟。

1928 年 12 月，张学良不顾日本人的反对，正式通电蒋介石，宣布东北易帜，服从南京政府。南京政府任命张学良为东北边防军总司令，改奉天为辽宁省。东北局势彻底稳定了下来。

在一切都稳定后，张学良又想起了远在天津的赵四。想起了她美丽的面容，想起了她温柔。1929 年 3 月，张学良终于放下了手中的琐事，又给赵四小姐挂了一个长途电话，这次通话很简单，问她能否到奉天来旅游几天?

赵四后来电话回复，业已征得父母同意，准备应邀前往。于是，张学良就派副官赶至天津迎接。

但是，这事却是赵四撒了谎，原来张学良走后，天津城被蒋介石占领，天津城内的士绅官僚们大多是些墙头草，见东北军失势，便来了好多风言风语，把赵四和张学良之事说得非常下流不堪，这话传到了赵庆华那里，惹得老爷子非常愤怒，把这个小女儿关在了家里，不让她出家门。

其实，赵庆华早就知道女儿和少帅的情事，何尝不知道这是一段真情，又何尝不想招了张学良这个女婿？成全了他们这对有情人！可是，当时，张学良家中有妻子于凤至，而自己又不甘心让女儿给人家做个小妾。

就在接到张学良的电话后，赵四把自己想北上的想法跟三个兄姐说了，三个兄姐跟张家素来交好，又知道妹妹是真的喜欢张学良，便鼓起勇气，帮助妹妹逃跑。

就这样，赵四小姐在兄姐的帮助下，毅然登上了开往奉天的火车，去追寻属于自己的真爱去了。

虽然，张学良并没有亲自带着赵四离开，但从性质上讲，这无疑是私奔！天津的各大报馆争相报道了此事。

据很多书中记载，赵庆华闻听此事后，大怒。在报上立即登了一则“兰溪赵燕翼堂启事”，声明很短，摘录如下：

“四女绮霞，近日为自由平等所惑，竟自私奔，不知去向。查照家祠规条第十九条及第二十二条，应行削除其名，本堂为祠任之一，自应依遵家法，呈报祠长执行。嗣后，因此发生任何情事，概不负责，此启。”

这则启事连登了五天，意思明显不过，要与女儿断绝父女关系。很多学者简单地认为，这是赵庆华认为女儿私奔，不仅玷辱了门户，还为社会所不容，怕受人嘲笑，所以做了这样绝情的事。

其实仔细想想，这篇启事中其实大有文章，张学良和赵四两个人在天津相好了一年多，而且常常一起出现在赵庆华经营的酒店中，赵庆华如若想管，那时为何不去提醒女儿不要多接近有妇之夫呢？偏要女儿私奔了，才做出这种绝情之事？

其实，这其中有很多的政治意味，张学良在天津时，正是张作霖如日中天之时，而此时，天津已经是蒋家天下了。虽然，此时天下名义上已经统一，但是各路军阀都还掌握了一大批自己统领的军队。如果赵庆华对赵四私奔的问题上不作出明确的态度来，难免日后会被哪家军阀势力挑出毛病，殃及池鱼，累了赵氏家族。

所以发出这样的启事，无论影响怎样，结果都会让人满意，哪一方军阀也不得罪，赵庆华是在声明自己哪一方军阀都不会投靠。赵庆华发出启事后，立即辞去了他在政府中的一切公职，退隐而居。

送女于私下，再绝情于公众，既断了有情人的退路，促其亲成，又挣得了门庭清白，不失身份。既可避免政争之嫌隙，落人口实，又可减免张学良恩怨之忧虑，任其放手作为。赵庆华又藉此急流勇退，保了一世英名，全家富贵。

这等一箭多雕的计谋，岂是一般的专家学者所能看透？这是要有真感情、真学问的人才能读懂的父母之心。

而此时，在张学良府内的于凤至终于见到了自己的情场宿敌。以前都是听说，张学良在外如何风流成性，却没有一个女人敢到家里来挑战她的正室地位。可是现在赵四就好端端地站在了她的面前，让这个女性如何处理这样棘手的感情问题呢？

我们面对丈夫外遇的问题，一般会遇到两种情况，第一种是如《水浒传》中镇关西的老婆那般，恶狠狠地把金翠莲赶出去，第二种则是《红楼梦》里尤三姐那样，做二奶也要做出个名堂，大有要把主母赶出去的气势。

可是，于凤至和赵四见面后竟然相安无事。

原来赵四见到于凤至便跪在了这位老大姐的面前，她一把鼻涕一把泪地哭诉，不要名分，也绝不会让汉卿（张学良的字）尴尬，自己只要能呆在他的身边即可。

于凤至是个贤惠且柔弱的女人，当她看到了赵四对张学良的真情后，也深深地被感动了，她一把扶起地上的赵四，并以“小妹”相称。

但是，赵四小姐的身份实在是过于尴尬，张学良也对这个问题感到很棘手。为了不让张学良为难，于凤至自己出资在帅府的东侧修建了一间别院，让赵四在那里居住，而赵四的身份不是小妾，而是张学良的贴身秘书，这样他们出双入对，便不再有人会提出质疑了。

张学良对于凤至的体谅感激极了，从而出现了于凤至主管家庭生活，而赵四负责外事接待的任务。此后他们三人经常一起出出进进帅府，凡是和张学良有交往的人，都羡慕他有个和美的家庭，称他有两位贤内助，坐享齐人之福。

此后，于凤至渐渐发现了自己这个决定的英明，因为那个曾经年少轻狂、身边美女无数的少帅，终于收心了，他终于可以开始把自己的全部精力都放在家国天下上了。

而赵四也感觉到了无比的幸福，她并不在乎自己的名分，即便是屈尊做个小秘书，只要能天天和张学良在一起她也心满意足。

1929 年赵四小姐为张学良生下了唯一的儿子张闾琳，算是为他们的爱情做了一桩最为真诚的见证。

岁月魔咒

1931 年 9 月 18 日，对于张学良来说，无疑是最为痛苦的一天。

这一日，觊觎东北已久的日军，日本关东军在沈阳发动事变，夺占沈阳城（就是奉天）。张学良闻听日军进攻，多次电话询问蒋介石要如何应对，但是蒋介石一再强调了自己攘外必先安内的政策，要求张学良不抵抗。致使 11 月中，日军不费吹灰之力便已占领辽宁、吉林、黑龙江三省。

东北全部沦陷后，张学良无颜以对国人，他于 1933 年 3 月 11 日通电下野，然后便去欧洲考察去了，而陪同张学良前去的是赵四小姐。

张学良自父亲去世后，压力倍增，他染上了毒瘾，开始时是吸食鸦片，而后来越来越厉害，必须依靠注射吗啡才能缓解他的痛苦。

东北丢失后，丢失了父亲基业的张学良处于深深的自责中，再加上毒瘾日夜地折磨他，已经让那个意气风发的少帅变得只是皮包骨头了。

所以，张学良毅然决定，一定要戒掉毒瘾，要在各条战线上重新站起来。1933年3月，张学良从北平来沪，宋子文为他安排住在了福煦路（今延安中路）181号。

这次来，张学良给赵四下了一个死命令，要在这里把自己的毒瘾戒了，如果谁敢阻拦，就枪毙了他，然后便给了赵四一把手枪。

赵四为了配合张学良戒毒，她找来了一位德国的医生博士叫史密勒，希望可以通过医学手段减轻张学良的痛苦。

但是，戒毒的过程是异常残酷的，就像是在生死关前绕了一遭。史密勒将张学良的手脚全部绑住，并连接在床的四角。

张学良毒瘾发作后，根本无法动弹，他眼睛里充满了愤怒、怨恨，他用牙齿把被单都撕破了，嘴里不时发出了痛苦的吼叫声。

随行的人在屋外，都听到了少帅的惨叫，无不动容，几个亲信官员实在听不下去了，便要冲进房内“拯救”张学良。

可他们没有想到的是一个女人举起了手枪站在了门口。

这个女人当然是赵四小姐，而那把手枪他们也很熟悉，就是张学良的配枪。没有想到这个美丽、柔弱的女子却也有比男人更坚强的一面。看到人和枪，所有人都知道，这是张学良的“钦差大臣”和“尚方宝剑”，谁也不敢再往前迈上一步了。

而赵四小姐的心中何尝不难受？张学良的每一次嚎叫，都像是刺骨的钢针一样扎在了她的心里，痛在了她的心头。

还好，魔鬼般的七天七夜过去了，当张学良走出房间的时候，虽然憔悴，但是脸颊上却出现了少有的血色。

张学良戒毒成功了！

赵四看着张学良眼中泛出了泪花，张学良在心中无限的感慨，在戒毒最痛苦的时候自己都即将要放弃，而这个女人却一直能守候在自己的门前，不让干扰自己戒毒的因素靠近自己，这样的大勇世上几人能有？而他也知道赵四的这份勇气完全源于她对自己的爱。

1934 年，张学良终于又迎来了他政治上的转机，1934 年 1 月 8 日张学良从欧洲返回上海，就任豫鄂皖三省剿匪总司令部副总司令，任务是剿灭三省境内的共产党军队。

张学良在上海租下了高乃依路一号花园洋房（今上海皋兰路张学良公馆），并把这里变成了他们在上海的爱情小屋。

可是，这时张学良和他的义兄蒋介石之间的分歧越来越大，对于剿匪总司令的蒋介石来说，他的理念一直是攘外必先安内，不先铲除了共产党这块眼中钉、肉中刺，他就无法集中精力对日开战。

而背负了国仇家恨的张学良却不愿意这么想，他建议暂时停止内战，一致抗日，但他几次上书劝诫都无结果，到最后张学良到蒋介石面前哭诉却遭来了蒋介石的一顿训斥。

张学良在万般无奈之下，采用了兵谏的方式，而这无疑改变了他和两位夫人的命运。

西安事变后的幽禁岁月

这是一件中国历史乃至世界历史上不能不提的大事件！

张学良和杨虎城在西安不但剿共工作进展缓慢，正在广东解决两广变乱的蒋介石还风闻两位爱将竟然在暗中勾结共产党，大有联合之势，这令蒋介石十分不安。

1936 年 10 月，蒋介石平息两广事变后，便调集大军集结在陇海铁路沿线，并亲赴西安，部署剿共事宜。

面对压迫，张学良依旧苦劝，却毫无效果，终于在 1936 年 12 月 12 日，发动了震惊中外的西安事变，也称“双十二事变”！

张学良、杨虎城武装扣押了蒋介石和其随行的军政要员，并以强硬的态度要求他联合共产党一致对外，共同抗日。整个事件的过程我不想做过多的描述，因为这并不是本书的主旨，我只想谈一谈西安事变之后，赵四和于凤至的命运如何。

在张、杨及以周恩来为首的中共代表团的努力下，西安事变得以和平解决。蒋介石被迫答应中共提出的六项条件，放弃了剿共的内战政策，逐步确立了联共抗日的方针。

张学良以为一切都功德圆满，自己的义兄蒋介石也一定会明白自己的苦心。蒋介石返回南京，张学良表示要陪同。

这件事只有极少数的人知道，当周恩来等中共代表知道张学良的这个决定后，张学良已经登上了去南京的飞机，再想劝已经来不及了。就连当时的飞行员都知道蒋介石不怀好意，暗中想让张学良在中转机场逃走。但是，张学良就是不相信自己的义兄会害自己，他的天真和善良实在无法和狠毒老辣的政治怪兽蒋介石相比。

天堂有路你不走，地狱无门自来投!

当蒋介石和张学良到达南京后，张学良立即被扣押了起来，他这才知道情况不妙。

当时，于凤至正在美国旧金山陪伴子女求学，而赵四也带着儿子在上海独自守候张学良的归来。他们几乎是同时得到的张学良被扣押的噩耗。

于凤至得到消息，心急如焚，她立即给当初做了保证保全张学良安全的宋子文发了电报:

“学良不良，心急如焚。”

然后，她马上带着孩子从旧金山飞回南京，求见蒋介石。但蒋介石不见！

于凤至只好又找到了宋美龄，希望她能在其中斡旋。原来宋美龄不但和张学良关系不一般，于凤至曾拜过宋母为干娘，宋母也把她认作四女儿，宋美龄一直和于凤至姐妹相称，亲密无间。

宋氏兄妹在西安期间是跟张学良做过保证的，说蒋介石绝不会秋后算账。但是，没有想到的是高级军事法庭的判决马上就下来了，张学良被判有期徒刑十年，虽未被送进监狱，却也要被长期软禁起来。

宋子文一听，大呼蒋介石不讲信用，他一气辞去财政部长职务，宋美龄也同蒋大动肝火。但是蒋介石就是对张学良不肯宽恕。

此时，赵四小姐也从上海赶来。张学良在溪口幽禁期间，曾住武岭学校，二日后，移居距武岭学校五六华里的雪窦山中国旅行社招待所。

之后当局允许张学良的夫人于凤至和赵四小姐与他同住，两位商量之后，每月一替一换，轮流来此陪伴张学良。于凤至由上海乘船来宁波，赵四小姐则由宁波去上海，有时她们也一同留在张学良的身边，小住几日。

虽然是很郁闷的日子，但是这也是第一次他们三个人同在一个屋檐下共同生活的日子。张学良这才感觉到了，其实在他的生命里一直都有两个女人，愿意为他生，为他死！

但是，很快问题就来了，赵四的幼子张闾琳当时还小，而又不能把孩子们都聚在这龙潭虎穴之中，于凤至当时非常深明大义，她告诉赵四让她先返回上海去，照顾孩子为主。赵四十分不舍，与“大姐”和少帅洒泪分别，临走时于凤至给了赵四一大笔钱，已经够她抚养孩子，甚至出国留学都有富余！

于凤至的态度很明确，赵四从名分上讲不是张家的人，根本没有必要跟着张学良冒这么大的风险，如果愿意，带着孩子远走他乡，离开这纷纷扰扰的是非之地，谁也不会怨她！

而赵四却不是这般想，她的离开是暂时的，是为了自己的幼子能够得到庇护！

于凤至终于迎来了跟张学良共享且独享的三年时光，这三年是来之不易的！就连他们初婚时，她都没有享受过这样的待遇！而特定的环境、特定的时期，让他们可以独享这段时光，这让于凤至有时甚至觉得张学良的幽禁未必是一件坏事！

而后的三年幽禁中，他们由溪口辗转到浙江奉化、安徽黄山、江西萍乡、湖南郴州、沅陵，1940 年又被转移到贵州修文阳明洞。常年的奔波劳顿，特务的刁难虐待、心情的苦闷抑郁让已经上了年纪的于凤至经受不起了，她乳房上烂疮日渐加重，后经医生诊治确诊为乳腺癌。

无奈之下，张学良立即向宋美龄求救，希望她念在以往交情的份上救助于凤至。宋美龄带着一份歉疚，亲自向蒋介石说情。

蒋介石终于同意了这个要求，于凤至没有办法，在经历了与张学良单独相处的一千多个日夜后，她还是要离开自己心爱的丈夫。

临行前张学良叮嘱她赴美就医，无论将来病情是否好转，都不要再返回贵州。他希望于凤至到美国后，设法把当时尚在英国读书的几个孩子转到美国继续学业。

而谁又会想到呢，这竟然成了两个人的永别。

于凤至临行前，张学良告诉她，他们在北京时的老朋友、前美国驻北京公使詹森·肯尼迪和夫人莉娜会帮助安排就医。在纽约肯尼迪国际机场，于凤至一下飞机就受到詹森・肯尼迪及夫人莉娜的热情接待，在他们夫妇面前，于凤至感受不到丝毫的轻慢。他们帮助于凤至安排好住处并联系好了就诊的医院，位于纽约城郊的哥伦比亚长老会医学研究中心的哈克尼斯教会医院。

就当时的世界整体医疗水平来说，乳腺癌几乎等同于被判了死刑，于凤至深知自己此时已然是九死一生了。负责为于凤至治疗的是著名的肿瘤专家温斯顿・比尔。经过X光检查确诊了左乳病变的准确位置后，比尔决定采用保守疗法，这样可以使术后的于凤至仍然保持原有的身材。在近一年左右的时间里，比尔医生先后为于凤至做了三次难度较大的肿瘤摘除手术，顺利地摘除了左乳内三枚卵石大小的肿瘤。虽然三次手术过于麻烦，却可以减少乳房外面的创口。

然而，由于癌细胞的病变转移，一年后，比尔不得不提出摘除整个左乳的治疗方案。于凤至起初为保留左乳固执地僵持了几个月，后来在詹森・肯尼迪夫妇的极力劝说下，于凤至终于妥协，同意了比尔医生的建议摘除左乳。术后的化疗缓慢而痛苦，在化疗期间，于凤至的头发几乎掉光了，人也变得愈加憔悴、虚弱，一向瘦弱的身体几乎成了皮包骨，体重不足45公斤，所幸的是性命终于保住了。

而此时，张学良向军统局局长戴笠提出希望由赵四小姐来照料自己的生活。

赵四离开溪口后，回到上海公馆居住，但是日军的攻击非常快，上海很快就陷落了，她这才被迫去了香港。1940 年冬天，赵四小姐接到张学良的电报，以她当时的情况，在香港拥有相当数量的存款，有自己的住房，生活是很安定的，加上幼子需要母亲的照料，这诸多理由完全可以让她拒绝。

但是这时，我们看到了民国历史上最伟大的爱情、最真挚的情感，赵四小姐听到“大姐”病倒的噩耗后，把张闾琳托付给十分信赖的美国朋友照料。然后她便毫不犹豫，立即起身来到了贵州荒凉之地，陪同张学良一起过幽禁的生活。此后，赵四小姐就再也没有离开张学良。

1941 年 5 月，张学良患急性阑尾炎，赵四小姐陪他到贵州中央医院做手术，出院后他们又被幽禁在贵阳黔灵山麒麟洞、开阳刘育。1944 年冬又迁至贵州桐梓天门洞。

1945 年，抗日战争的胜利，终于传遍了中国，张学良和赵四本以为他们会马上获得自由，但是在 1946 年，他们又被移居到重庆歌乐山松林坡，不久即被押往台湾新竹井上温泉。

井山温泉山间有一座和式旧木屋，这座木屋比起其他幽禁他们的院落来是最狭窄的，院子的四角都有岗哨站岗，出入都需要出使证件，张、赵二人的一举一动都在这些特务的眼目之中。

在与世隔绝的寂寞中，张学良和赵四小姐的凄苦是可想而知的。他们两人相依为命，张学良把一切希望和欢乐都寄托在赵四小姐的身上，赵四小姐则尽自己全部的力量给张学良以安慰和照料。见过的人都说，赵四小姐经常身着蓝衣，脚登布鞋，终日陪伴在张学良身边。虽然相对来说，她比张学良多些自由，每年都能获准到美国去探望儿子，但她每次总是飞去飞回，仅住两三天，即又回到张学良身边。

因为爱，所以爱，才能让这对白首鸳鸯度过那不见光明的岁月。

离奇的离婚案

再来说一说远在美国的于凤至。此时，于凤至的女儿张闾瑛已经长大成人。于凤至痊愈出院后暂时住在了女儿家。

女儿、女婿对她精心照料，让于凤至身体恢复得很快。于凤至很快在美国学会了英语，基本的听说读写已无障碍。

但是，于凤至渐渐发现，自己的生活已经出现了问题，虽然积蓄尚有，但是她一家的开销实在很大，孩子要上学，自己还需要大量的药物治疗，如果坐吃山空的话后果不堪设想。

必须要想个法子赚钱，才能维持自己的生活。不要忘记，于凤至的父亲于文斗是商界奇才，而于文斗在早年就曾夸过这个女儿，说我闺女要是做买卖，肯定是把好手。

从父亲遗传来的良好基因，再加上一股天生的自信，于凤至有了一个大胆的想法，她想投入华尔街，在股市里闯出一片天地来。

华尔街是冒险者的乐园，有人在这里一日暴富，也有人在这里从百万富翁变成了一个穷光蛋。高风险、高回报，让于凤至感觉到了心潮澎湃。

都说“将门虎子”，连于凤至都没有想到，她进了华尔街竟然顺风顺水，在大起大落的股市里纵横捭阖、游刃有余，顺利地掘到她事业的第一桶金。

而于凤至并不像现在在股市里拎着菜篮子徜徉的大妈们那样贪心，她深知这里就是一座赌场，不可能每一次运气都这么好。

所以，每当股市上有盈余，她便把钱抽出来，购买房产用于出租，慢慢地有了一些稳定的收入，她就将一些赚来的钱继续在股市中厮杀，而大笔的资金都投入到了房地产中，很快于凤至的金钱危机就在她的妙手之下度过去了。

我们一直只知道，赵四和张学良此时正在同甘共苦，却极少有人知道于凤至一个已进入晚年的女人，她正在用自己的权谋、智慧和当年东北第一夫人的胆识，为自己的生活，艰难地打拼着，我们还有什么理由不去佩服这个女人呢?

于凤至在美国，无时无刻不在关心张学良，直到张学良到了台湾后，她也想回去见见自己的丈夫，但是当时台湾当局根本没有释放张学良的意思，更不会让人轻易地接近软禁他的地方。

时间到了 1964 年，这一年突然发生了一件大事，于凤至在和张学良的离婚协议上突然签了字，这让当时许多人感到了莫名其妙，甚至有人不相信这是真的。

但是，事实就是事实，于凤至真的和张学良离婚了，后来诸多的史料中，基本上说法一致，都说当时张学良想要皈依基督教，但是基督教的教义非常严苛，只能容许一夫一妻。张学良主动写信给了女儿张闾瑛，说希望她的母亲可以理解她。

于凤至听到了丈夫的诉说后，给张学良回了信说："你们之间的爱情是纯洁无瑕的，堪称风尘知己。尤其是绮霞妹妹，无私地牺牲了自己的一切，任劳任怨，陪侍汉卿，真是高风亮节，世人皆碑。"

就这样，于凤至成全了赵四和张学良的爱情，主动提出了离婚，并在离婚协议上签了字。

但是，这样的说法是不是太过于荒谬了呢？

首先说，张学良并没有双重婚约，他和赵四小姐一直都是同居关系，并没有婚姻关系。用基督教这种简单的说辞，就能让爱怜了张学良二十多年的于凤至放弃这段感情吗？

我想绝不会！于凤至和张学良的离异应该还有别的原因。

我翻遍了史料，终于找到了这个事件的蛛丝马迹，首先在 1964 年，台湾《希望》杂志突然刊登了一篇张学良的《西安事变忏悔录》。

在美国看到了这篇文字的于凤至怒不可遏，她立即意识到这是一篇伪造的文章，因为丈夫曾经向她表示过，他只要有一口气，也绝对不可能认罪。

于凤至在美国立即掀起一场为夫叫屈的大戏。《洛杉矶太阳报》第二天就刊发了对于凤至的采访实录。接着《纽约时报》也载长文抨击台湾当局长期羁押张学良。由于张学良在西方的政治影响及于凤至借台湾伪造《西安事变忏悔录》一事在国会参众议员和司法界上层人士中的奔走呼号，很快就造成了对蒋介石极为不利的声势。

但是，这一次非常令人郁闷的是，台湾当局很快就证明了《西安事变忏悔录》确系张学良亲笔所写，并非他人伪造的事实。原来，张学良应蒋介石的要求，亲笔写下了有关西安事变经过的长文，而这篇长文并没有题目，而台湾当局为了诋毁和丑化张学良，把题目定成了忏悔录还予以发表。

于凤至的作为引起了台湾当局的强烈不满，认为她是为了丈夫故意造谣生事，这次甚至连与于凤至始终姐妹相称并素有往来的宋美龄都颇有微词，蒋介石更是有意改变对张学良的处置意见，与其长期幽禁而惹是生非，不如快刀斩乱麻以绝后患。

于凤至在美国对参众两院议员发起救张呼吁攻势，非但没有起到营救张学良和让张学良有一天来美与她团聚的初衷，甚至在客观上还起到她做梦也想不到的副作用，那就是于凤至虽然知道蒋介石惧怕美国，却不知蒋介石正因惧怕美国势力的从中干预，才忽然对仍在蒋眼里是冥顽不化的张学良的高度关注。

蒋介石始终认为只要于凤至还在美国，张、于两人亲生的几个子女还在美国，那么张学良的心始终会向往美国，这无疑就是张学良将来的一条后路。而身体状况始终不如意的蒋介石，当然不能不顾忌到他百年以后不想看到的事实，那就是张学良有朝一日一定会飞出台湾，飞到美国后再前往中国大陆！

所以，1964 年当蒋介石获悉于凤至在美国施压的消息后，在憎恨于凤至到处为张学良游说奔走的同时，萌发让张学良作杨虎城第二的罪恶念头。

于凤至不会不知道台湾当局的态度转变，怎样才能挽救汉卿的性命？变成了于凤至当下要考量的最重要的问题。

这时一个十分重要的人物挺身而出，他就是台湾政坛的常青树张群。

张群是蒋介石的嫡系，当年东北易帜前，就是他被蒋介石派到了沈阳劝说张学良实现祖国统一的。

他和张学良底下的私交一直很好，就在张学良受到软禁期间，张群仍旧抱有同情的态度帮助过张学良。张学良到台湾后，他不顾嫌疑，常常到张学良软禁的地方拜访这位东北少帅，可以说他们是真正的患难见真知。

张群作为国民党政权的高层要人，他最先洞悉蒋介石心中的杀机。出于对至交张学良生命安全的考虑，张群认为有必要让张学良认清这样的现实。

张群认为如果张学良继续和于凤至保持这种名存实亡的夫妻关系，很可能给张学良自由的彻底恢复带来意想不到的麻烦，不仅如此就连他和赵四小姐的生命都无法保证。所以，只有和于凤至离婚，彻底脱离这层关系，才能平息蒋介石的怒气，从而保障张学良和赵四的生命安全。

老江湖张群的这种考虑立即得到了宋美龄的肯定。

张学良也对此善意表示理解和同意。于是张群才以私人名义从台湾飞到了美国，秘密来到洛杉矶比佛利山上于凤至住所，当面向她说明与张学良办离婚手续的近因与将来的益处。

于凤至自然知道危险的存在，她无时无刻不在为自己所犯的错误而懊悔，听到张群的建议，她知道这是救丈夫唯一的方式，便毫不犹豫地在离婚协议上签了字。

《民主与法制时报》刊登过于凤至的这样一段回忆：

“我思考再三，他们绝不肯给汉卿以自由。汉卿是笼中鸟，他们随时会捏死他，这个办法不成，会换另一个办法。为了保护汉卿的安全，我给这个独裁者签了字。但我要向世人说明，我不承认强加给我的、非法的所谓离婚。”

于凤至和张学良的离婚无疑是一出时代的悲剧，但这是于凤至为了挽救张学良不得不做的痛苦选择。但虽然离了婚，于凤至和张学良的关系却存续着，就连宋美龄给于凤至后来的信中，都依然称她做“张夫人”。而张学良对于凤至的称呼依旧是“大姐”，似乎一切都没有变！但是一切似乎又都变了！

于凤至用自己的善良、明智退出了这段婚姻，用一种特殊的方式成全了赵四和张学良的爱情。由于种种原因，可叹于凤至女士至死也没能再见张学良一面，恐怕这是她一生之中最大的遗憾。

但是我们要想的是即便两个人见到了又怎么样呢?他们的情缘不可能再延续下去了，恐怕这才是他们彼此间最好的相处方式，彼此互相惦念，都在心中怀有一丝敬重。

1990 年 1 月 30 日，于凤至在睡梦中安然逝去。

白首双星

1964 年 7 月 4 日，张学良与赵四终于在台北正式结为了夫妻，赵四为这一天整整等了 36 年。他们在台北杭州南路美国人吉米·爱尔窦的家中举行婚礼，男方证婚人是年已百岁的陈维屏牧师，女方证婚人是黄仁霖。十三人的来宾中有宋美龄、张群、王新衡、莫德惠、何世礼、冯庸等。

那一日，赵四已入花甲之年，没有婚纱，只有一件白衬衣，一条黑色的百褶裙，却让她宛如一朵白菊花，风韵犹存。

此后，张学良与赵四小姐在台湾一直过着幽居生活，虽然在 1956 年后，蒋介石已经在名义上恢复了张学良的自由，但是谁都知道，张学良如果有异动的话，那么当初在重庆被暗杀的杨虎城就是张学良的下场。

忍！只能忍！张学良和赵四似乎此时在人间蒸发了，很少有人再得到他们的消息，也没有什么爆炸性的新闻传来。

直到 26 年后，也就是 1990 年，他们才再次在媒体面前露面。

这一年，于凤至去世了，张学良抱着极大的痛苦送走了这位大姐，于凤至在感情上的“禅让”，是张学良最为敬重她的地方，他带着一种崇敬之情遥望美国的方向，送这位大姐上天堂去了。

当于凤至去世后，1990 年 6 月 1 日，张学良终于了却了一切的牵挂，又出现在了公众的面前。庆祝张学良九十岁生日的聚会于 1990 年 6 月 1 日在台北圆山饭店举行，张学良此时正式告别了幽居生涯公开露面。在这次寿宴上张学良激动地握着赵四的手用久久未使用的东北话说道：“这是我的姑娘！”

这无疑是张学良对他生命中爱人的最有力呐喊！

赵四小姐是虔诚的基督教徒，1995 年她与张学良定居夏威夷以来，除了身体不适外，他们每周日上午都定时到夏威夷京街第一华人基督教公理会聆听礼拜，给家人和爱人祈福。

但是，赵四小姐的身体却越来越差，原来早在台北幽禁期间，赵四就得了严重的肺病，咳嗽了很多年，后来被确诊为肺癌，摘除了右肺叶才保住了性命。

而在夏威夷生活期间，她的身体越来越虚弱，有时整日咳嗽无法入睡。

2000 年 6 月 12 日，赵四突然从床上摔下来，随后就出现呼吸困难等症状，随即被送进了夏威夷的一家医院的加护病房。

张学良与张闾琳父子一左一右就守在了赵四的身边，他们知道死神已经一步步地向赵四走近，他们能做的只是让它的脚步可以放慢一些。

6 月 22 日清晨，赵四还醒着，但她不能讲话，只能目视着每一位围在床边的亲友们。约在 8 时 45 分，张学良坐着轮椅来到床边，张学良伸手握住夫人的手，喊着自己私下对老伴的昵称，久久地深情凝望着陪伴他一生的女子，无限留恋，但是张学良却无法再说出一句话来。

赵一荻也看着张学良，但是她此时已经无法开口说话。9时，医生拔掉了她的氧气管，并注射了镇静剂，赵四小姐昏昏而睡，张学良依然抓着妻子的右手不放。又过了两个多小时，上午11时11分，监视脉搏跳动的仪器显示她已离开人世。牧师带领亲友向上苍祷告。张学良此时还一直握着妻子的手，泪水缓缓地流下来，就这样两只手又握了将近一个小时。

将近一个世纪的守望，在这一刻画上了句号。

赵四小姐的一生，是与张学良将军的军政生涯和命运紧密联系在一起的，他们共同经历了现代中国云谲波诡的政治风云，也曾一起经历了那最为凶险的幽禁岁月。

笃信基督教的张学良夫妇生前早已在檀香山买下了一块墓地，准备合葬在这里。在墓碑上，赵四小姐雇人刻上了一段诗句：

“复活在我，生命也在我，信我的人虽然死了，亦必复活！”

这是《圣经》中约翰福音第 11 章第 25 节中的诗句，是赵四小姐生前对爱和宗教的全部理解！

2001 年 10 月 14 日，在赵四去世一年多后，传奇的世纪老人张学良在美国檀香山去世了，他留下遗嘱：“与夫人合葬于神谷之谷。”

生命的终点，并不是爱的结束，这只是一个传奇的终结，却是一个永恒的爱情故事传诵的开始。

于凤至、赵四小姐和张学良的故事结束了，但是他们的情感却至今还能感动许多现代都市的人。

那些整日还为房产归属而挣得你死我活的夫妻，那些为了一些琐事而斤斤计较的冤家们，你们如果能够真正的理解爱情，还会把自己的人生走得如此荒谬吗？还会把自己的爱情寄托在那些无谓的纷争上吗？

我想每一个现代人都应该读一读这三个人的故事，因为他们是真正懂得了什么才是情。用一生去付出，用一辈子去守候，才是真正的爱情。

章五　告诉你最真实的许广平

经过长期的历史题材的写作，也算是积累了一些经验，有了点感悟，就像是朋友们说的，我的写作好像是也形成了自己的风格。

其实，写历史到现在我只总结出来两条经验，首先是写事时要敢于怀疑，不能正史上说什么就照搬什么，而是要尽可能地多收集其他史料，然后把最符合逻辑的史料展现给读者。

其次是写人，能够被历史记录下来的人，大多是些伟人。即便不是，最起码说明这个人有过人之处。

在我的印象中伟人包括英雄、枭雄、奸雄，等等。但无论是什么雄，首先他是个人，和我们一样的普通人，没有超能力，也不会把内裤穿在外边。

人是什么?

其实，人是最俗的动物，七情六欲一样不少。

看见好吃的就会流口水，挨打了也疼，吃完饭就想睡觉，男人看到漂亮姑娘会动心，女人看见帅气小伙就会幻想，这就是人，都一个德行，谁也别说谁!

那为什么有的人是伟人，有的人却是平常人呢?

伟人的伟大之处就在于，他们在很多时候，把自己的那种人类最本能的欲望，强行压制住了，而这就是人类不同于动物的地方，能够压制住这些欲望，掩饰自己的最真实的想法的人就有可能成为伟人。

在民国时期，鲁迅无疑是文坛领袖，无人可望其项背，可是我们看到的是一个满身光环的鲁迅，却极少有人知道鲁迅背后的情感故事。而鲁迅的夫人许广平，由于一部早年的两岸三地合拍的电视剧《千秋家国梦》让人们知道了这位女性。

鲁迅是文豪，许广平是美女加才女，这几乎已经成为了历史对这两个人物的固定印象了，可是很多时候，印象总是停留在这两个人的成就之下，却极少有人愿意来探讨一下他们的背后，他们的情感。

今天，我的文章要为大家还原最真实的许广平和鲁迅，一个普通的许广平和鲁迅。

所有的读者，在看我今天要写的许广平的故事时，你们的心中一定要有一个观念，许广平和鲁迅是人，不是伟人，更不是神。

许氏家族

唐高宗总章年间，福建和广东发生了地方性叛乱，史称“蛮獠啸乱”。唐高宗派陈政、陈元光父子率 5600 多名官兵前去镇压，在这支人并不算多的队伍中，有个人叫许天正，他当时身为副将，许天正十分骁勇，只带了 123 个将士（包括他自己），率先攻入了叛乱之地，结果很意外，叛乱就这么被许天正平灭了。

所有人都很意外，也很惊喜，唐高宗自然也不例外，这场并不大的战斗为许天正带来了无上的荣耀，许天正因征讨有功，封为泉、漳团练使，并赠殿前太尉，袭宣威将军。

许天正后来奉旨驻守南诏（即今福建诏安），后又居泉州。而许家从此开始兴旺起来，福建、广东各地都有许家的后裔。

这么一个庞大的家族，自然会有许多分支。而对中国近代史最为重要的一支许氏分支是在宋真宗时形成的。

许烈，据许氏家谱的记载是许天正的十一代孙，他在宋真宗大中祥符年间从诏安迁居潮州。

从此，南派许氏正式形成，许烈的儿子许申是北宋著名的“潮州八贤”之一，而之后这一支许氏族人人才辈出。

许烈的第十世裔孙许兆基生有四个儿子。许兆基去世后，他的第四子许弘烈便迁出潮州城到揭阳县沟南村居住。沟南村后曾属澄海县，现属汕头市。沟南村因为全村都是姓许的，所以称为“沟南许地”。

沟南许氏的后裔们，在民国时大放异彩起来。

简单罗列一下：

许崇智，广东省政府主席，跟蒋介石是把兄弟，绝对的民国开国元勋！

许崇济，辛亥革命南京光复战功臣。

许崇灏，血战天堡，炮轰南京，为推翻清政府在长江以南的统治做出巨大贡献。

许崇年，1922 年起任北伐军大元帅前卫。

许崇清，国民党一大宣言的起草人，与学界泰斗蔡元培曾有过三次大论战。

以上几位都是民国的元老人物，他们在军事、政治、文化等诸多方面都为推翻清王朝，建立民国政府起到过至关重要的作用。

以上是男性，而在民国的女性中，我们比较熟悉的是宋氏三姐妹，实际在沟南许地，这里也走出了许氏三姐妹，分别是许广平、许月平、许东平。

而我们的许大姐许广平，也是民国中举足轻重的女性，从某些意义上来说，她的光芒似乎压过了后世的第一夫人宋美龄。

许广平的祖父许应骙是慈禧太后的干儿子，曾经做过浙江巡抚，是官居二品的封疆大吏。叔叔许崇智是黄埔军校创立人，粤军总司令。

或许是许家的这种与清政府和民国政府扯不断的关系，让许氏家族在政治倾向上产生了严重的分歧，一部分选择了保守，另一部分选择了开明。

许广平的父亲许炳枟因为是庶出，所以在许家是一个并不起眼的小人物，由于他只是爱好诗词，却对科举毫无兴趣，所以终身也未博取功名。

许炳枟自己就代表了许氏家族，他是个矛盾的集合体，他首先忠于清政府，即便是他的同辈许崇智等在有声有色地闹革命的时候，他没有参与，而是选择了坚守。

但是，他又可以接受新式的思想，当他看到小女儿许广平想要读书的时候，他允许小广平像男孩子一样读书、上学堂，而且连缠足也免了。

可是你说他开明吧，就在许广平出生后三天，他就办了件极为不开明的事出来。许炳枟在许广平出生才三天（许广平出生在 1898 年 2 月 12 日），他便在与朋友喝酒时，上嘴唇一碰下嘴唇，给许广平许了一门娃娃亲，男方是香港乡下的一户马姓的乡绅人家。

其实，这就是我们的民国，很多教科书都在标榜着谁是进步民主人士，谁是落后反动派，实际上在这种社会制度遭遇到巨大变革的时期，谁也不能对谁要求什么？谁也不要对别人品头论足。

因为没有人知道，这个国家的政治该往哪儿去？该坚持什么，该摒弃什么？大家都是摸石头过河，都在试验，也都在适应。

由此，许炳枟的怪异行为就可想而知了！

而时代造就了许多人，许广平其实就是时代的佼佼者，因为她能在这条并不平坦和光明的道路上，找出自己要走的路，而且坚定地走了下去。

两个人的初恋

据后来许广平回忆，马家是一家典型的劣绅土豪，不但许广平不同意这门婚事，就连许炳柸也后悔了。

但是，许广平的一家之言我们也未必都要采信，因为马家的情况现在我们已经无从考证，而作为许炳柸作为一个开明的士绅，轻易地把女儿的终身大事托付给一家人，我想马家也应该不会是那种大富大恶之家。

只不过是许家在辛亥革命后，变成了时代的先锋，而许氏在某种程度上开始看不起不开明的马家。

而悔婚又在道义上得不到支持，所以很有可能是许广平故意编造了马家的故事，为自己博得舆论上的同情。

不管怎么说，马家对于许家对待这桩婚事上的态度转变也大为困惑，马父曾几次特地赶到广州找许炳柸商定亲事，但是许炳柸避而不见，来了个死不认账。

这事惊动了官府，官府都认为此事实在是许家无理，所以给许家下了通牒，让他们快把女儿嫁过来，要不就要采取行动了。(《许广平家信》:“官府之催迫，皂隶之临门。”)。

就在这重重压力、矛盾之中，许家和马家的这场婚姻一直就这么拖了下去，许家既没有解约，马家也没有娶到许广平。

这事一直拖到了1917年，这一年许炳枟去世了。

马家见老许去世，便又一次提出了娶亲的事。19岁的许广平只好求从北京回来奔丧的二哥帮助自己解除婚约，这事我们都不知道许二哥是怎么摆平的，但是可以肯定，婚约并没有完全解除，只是马家暂时不找许广平的麻烦了，而就在许广平在天津读书期间，还曾接到过马家少爷的情书，从某种意义上来说，马少也算是一个有情人，只不过“门不当，户不对”，一场婚姻变成了一场梦。

1917年，许广平到了天津，得到了姑妈的资助，许广平进入了天津直隶第一女子师范学校预科。

本人是天津人，对于天津有很深的了解，实际许多著名的近代历史人物都是从天津走出去的，而命运最后把他们的归宿又安排在了天津，无论是曹锟还是周恩来。

而有这么多的近代名士在天津起家并不是偶然的，而是天津独特的历史背景造成的，天津为北京的门户，也是离北京最近的港口。所以，新鲜的思想想要到达北京，天津是当时的必经之地。

所以，开玩笑的说天津更早地比北京看到了外边的世界，接受了先进的文化。

许广平在天津学习了五年的时间，正如所有的北漂一样，天津并不是他们的终点，北京那个曾经的帝都才是他们向往的地方。

1922 年许广平从天津女师毕业，翌年她考入国立北京女子高等师范学校（1924 年改称国立北京女子师范大学）国文系。

从这时起，许广平的人生和一个人有了交点，但是那时离他们爱情火化的碰撞还有距离，因为两个人那时都有着自己感情上的羁绊。

在摆脱了婚姻束缚后，许广平度过了她人生中最快乐的时光，和我们今天的无数少女一样，许广平走进了大学，而绕不开大学生的一个话题，就是恋爱。

不要把我们的历史人物都理解为不食人间烟火的

人，许广平更不是，她爱美，懂得时尚，且爱赶时髦，对于敢于对抗封建婚姻的许广平来说，大学恋爱这样的“时髦”当然也少不了她。

记得我的大学导师曾经说过，大学中谈朋友是一种美好的回忆，我虽然没有在大学中搞过对象（家教严），但是我现在想想导师这话说得是有些道理的。

因为对大学的男女朋友而言，更多的只是回忆而已！

进入北京女高师的第一年，许广平遇见了一位同乡帅哥。

他叫李小辉，广东人，因打算赴法勤工俭学来到北京。由于误了考期，遂改在北京大学读书。

二十多岁的女孩和男孩总是有着谈不完的话题。

李小辉是个清瘦白净、棱角分明的小伙，说起话来更是温文尔雅，再加上广东的口音，让许广平感到亲切极了。

而攀谈之后，许广平才发现原来两个人还是表亲，许广平比李小辉小一些，所以每次见到李小辉都自称“小妹”。

而李小辉也常常在生活上照顾许广平，一直呵护着他心中这个已经不一般的妹妹。

每到周末，李小辉都会来看望许广平，他们总有着那么多的话题。很快两个人的恋爱关系就确立了。

在后来整理的许广平资料中，我们仍能看到她对这位表兄的评价，“热情，任侠，豪爽，廉洁，聪明，好学”。

而李小辉对于这位表妹的怜爱虽未见于史料之中，但是据许广平回忆，表哥曾经跟他说过他愿意照顾小妹，义不容辞这样的话。

我相信这份感情的真实，我也相信大学感情的真实，因为在这段时间里，男女双方没有未来的压力，也没有太多的思想负担，更多的大学情侣是一种感情的寄托。

但是，噩运还是把这对新青年拆散了。

许广平在天津求学时，有个同学叫常瑞麟，她后来在北京医学专门学校学习，两人很要好。

1923 年冬天，常瑞麟的两个妹妹得了一种传染病，在姐姐的医专治疗，而许广平毫不在意，和常瑞麟一起照顾这对姐妹。

但是由于病毒的传染，许广平在在这年除夕参加女高的同乐会时，突然发病了。而送到医院的时候，医生也没有按照急性传染病处理，而是误诊为扁桃腺炎，给开了些普通的消炎药了事。

许广平没有住院，就在常瑞麟家里休息。而此时许广平的病情却不见好转，而且有越发严重的迹象。

这可急坏了李小辉，李小辉三次前往常瑞麟家探视。李小辉每次都亲切地握住许广平的手，安慰她，鼓励她。其实，此时李小辉自己也开始浑身难受，他不知道由于和许广平过分亲密的接触，他自己也染上了传染病。

而李小辉却尽量隐藏自己的难受，以免许广平看到后担心。

可是，许广平的病却一天比一天严重了，而更让许广平感到疑惑的是，李小辉在最后一次带给自己一些西藏青果之后就再也没有来过。

正月初五，许广平昏迷了，常瑞麟意识到了事情的严重性，学医的她知道，这绝不是什么扁桃腺炎，而是要命的传染病，跟自己的两个妹妹一样。

这时常瑞麟的父亲请来了外国医生，医生建议最好立刻送进同仁医院，经一位日本医生诊断许广平得的是猩红热。

日本医生马上为许广平开刀，从她脖子里把脓血挤出，许广平这才转危为安。

许广平的病一天一天地好了，可是仍然不见李小辉来看她，她心急如焚地托人去打听，可是所有人的表情都很怪异，可就是不肯说这是怎么回事。

后来许广平一再追问，常瑞麟只好应付道："小辉也病了，你不要多想，他过两天就来看你了！"

许广平的心里掠过了一丝阴影，难道？许广平不敢想！

而在许广平一次次地询问后，常家小妹终于说出了实情：

"辉没有了！"

这四个字太简单了，但是对许广平来说却是太残酷了。原来李小辉也染上了猩红热，但是他没有许广平幸运，有学医的朋友在身边，由于救治不及时，在正月初七夜里就不幸去世了。

我不杀伯仁，伯仁却因我而死！

李小辉的死给予许广平的打击绝不是失去恋人那么简单，更重要的是她对李小辉有一种歉疚的感情。许广平拖着虚弱的身体，去送了李小辉最后一程，她在灵柩前哭了，她第一次为了自己的初恋留下了痛苦的眼泪。

我们在《许广平的回忆录》中找到这么两段话，特此摘录：

“只差半年就要毕业的辉，与世长辞了！刚刚走到人生旅途的头一步，就突然倒下了，能不痛伤吗？霞（许广平小名叫霞姑）一直没有知道自己患的是猩红热，因为医生一直没有警告过她，她因此更不知道要回避见人，可是为了这缘故，辉来探病而传染着了，她内心上的悲怆，自然不需解释的了。”

……

“到了第 18 年纪念的今天，也许辉的家里早已忘了他罢，然而每到此时此际，霞的怆痛就像那骨节酸痛者遇到节气一样，自然会敏感到、记忆到的，因为他曾经摧毁了一个处女纯净的心，永远没有苏转。”

在《许广平的回忆录》中，我们仍然可以感觉到，许广平在她的心底为李小辉留下了一块重要的位置。

在这里是不允许有任何人去触碰的，这里只属于许广平和李小辉。

而在许广平失去了李小辉后，一个早已和许广平有了交点的男人也终于走进了许广平的心中。

这个人就是民国文豪鲁迅！

当时鲁迅是蔡元培亲自聘请的北大教授之一，而许多北大教师到女高师兼课，所发讲义也和北大一样，北大每有学术讲演也允许女高师学生参加听讲。在许广平就读的国文系，北大教师前来兼课的就有马裕藻、鲁迅、周作人（鲁迅的弟弟）、钱玄同、沈尹默、沈兼士、沈士远等。

1923 年，许广平二年级时听到了鲁迅讲授的中国小说史略。在每周 30 多小时的课程中，她最盼望听这门课，上课时常选择第一排座位。在学校，鲁迅是一位在学生中找不出一句恶评的老师，而许广平则是一位听课时喜好忘形而直率提问的学生。

两个人的交点就在这一刻产生了，许广平此时正和李小辉相恋，而鲁迅此时也有着自己心仪的女性。

我了解鲁迅是从他的一篇杂文《纪念刘和珍君》开始的，刘和珍和许广平是同学，最后惨死于段祺瑞制造的“三一八”惨案。我在这篇文章中看到的是鲁迅作为一个民主斗士的形象，好像在他的面前一切都是无所谓惧的。

而在 2012 年由许广平执笔的《鲁迅回忆录》终于出版了，我在当当上买了一本，回来认真地读了一遍。

我感觉许广平比较客观地评价了鲁迅，在他的书里，鲁迅不再是伟大的教育家、文学家，而是一个丈夫、情人。

许广平在书中毫不避讳，用了大量的篇幅描写了鲁迅的“初恋”，让我们大开眼界，也再次让我们看到了一个更丰满的鲁迅形象。

鲁迅在浙江老家早有妻子，她叫朱安，朱安是浙江绍兴一个传统且平凡女子，许广平敢于拒婚是因为她有一个开明且庞大的家族支持。

而鲁迅显然没有这么幸运，他的母亲要他娶朱安，他娶了，不是为了孝道，而是一种妥协。

谁说鲁迅只是个“横眉冷对千夫指”的男儿，他的生活中也有着太多的无奈。鲁迅与朱安之间从来不曾有过爱情，甚至不曾有过真正的婚姻。朱安只是鲁迅的母亲给他的一件礼物，而这件礼物最后却只能陪伴在鲁迅母亲的跟前。

而朱安绝对是个中国传统的女人，用现代的话说就是受到封建思想毒害太深了，当她要直面许广平的时候，她却说道:“许先生是个好人!”

对于一个情敌，能够说出这样的话，鲁迅不曾在朱安身上感受到爱情的滋味是可想而知的。

所以，鲁迅的初恋当然也不会属于她。

鲁迅的初恋对象叫马珏，当然这种初恋的感觉，可能只能算是一种暗恋。

我特意在网上搜到了马珏的照片，说实话，在此之前我一直认为在民国的知识女性中，林徽因是最漂亮的，而当我见到马珏后，我觉得林徽因要退到第二位了。

马珏的父亲是和鲁迅同为北大教授的马裕藻，那时鲁迅与马裕藻同在北大任教，平日谈得来，常聚在一起聊天。而马裕藻就将自己十五岁的女儿介给鲁迅。

当鲁迅见到了比自己小二十多岁的马珏后，鲁迅的人生中第一次在情感上碰出了一些火花。

马珏身材亭匀，长相清丽，绝对的美人胚子。而当马珏把自己的一篇习作交给鲁迅看的时候，鲁迅被眼前的这个小姑娘感动了。

文章的名字叫《初见鲁迅先生》，文章中写道：

“看了他的作品里面，有许多都是跟小孩说话一样，很痛快，一点也不客气；不像别人，说句话，还要想半天，看说的好不好，对得起人对不起人。”

这是一个十五岁女孩眼中的鲁迅，鲁迅看她还是个孩子，而她看鲁迅也是一样。对鲁迅做出这番评价，纵观民国，再无第二人。

而鲁迅每次有新书出版都会送给马珏一本，他甚至把马珏写的那篇对他的印象记，收在了新书中，一并送给了马珏。

当然，这些都不能说明什么，因为鲁迅送过很多人书，马珏绝对不是第一个。

任何的史料中，都没有记载过马珏对鲁迅的这份暗恋有过什么样的反应，但是我们知道，一个小姑娘对于一位大叔，而且是那种总是颓废形象出现的大叔，最多可能是敬仰之情，是极小可能产生爱慕之情的。

当然对于这份感情，鲁迅并不敢奢望，他继续着自己的生活，继续在自己的心底暗暗喜欢马珏。

马珏后来考入北京大学预科，后转到政治系。鲁迅对她一直有关注。在鲁迅的日记里，多处留有关于马珏的痕迹。

而在后来许广平整理的鲁迅日记中，看到了一行短短的文字：

“夜，得马珏小姐信。”

原来鲁迅和马珏一直都有书信来往，即便是和许广平发生关系后也从未中断过，我不知道许广平面对这份感情自己是怎么想的，所有的资料中都没有显示。

但是我知道，鲁迅并没有在许广平面前特意掩饰这份感情，这也让我们意外且“惊喜”地了解到了鲁迅的情史，这完全要感谢许广平的大度。

但是，刚才说过，鲁迅也是个普通人，他面对感情还是保守的，特别是他和马珏年龄相差太大，而且是两辈人，还有师生的关系，这些都变成了他们中间的障碍。

所以对马珏，他内心的爱意恐也只能止于默默的关怀，与心内的欣赏，却从不敢表达，如果不是许广平把这些珍贵的资料公示给大家，我们都无从知道，原来那个无所畏惧的战士，却还有着这样的感情生活。

马珏后来嫁给天津海关职员杨观保，杨对她极为呵护，每周都从天津返北平一次。

马珏出嫁时没有告诉鲁迅。鲁迅在又一次赠书时，又把马珏列在了名单之中。而此时朋友告诉鲁迅，马珏已出嫁。

鲁迅沉默了，他请朋友处理了那本准备送给马珏的书，自此以后，鲁迅和马珏就再没联络过。

感情不是婚姻，婚姻是一种契约，而感情是一种发自内心的情感，而真正爱过的人不会把那一纸契约看得太重。

而再想想现在的社会，太多人愿意为了很多目的看待了那份契约，活得一点都不洒脱，想想鲁迅，再想想许广平，他们的感情是多么值得后人回味！这份感情普通得让人心醉，也深奥得让人难懂！

爱情密码

鲁迅的邋遢形象是出了名的，许广平对鲁迅的最初印象是“怪物，有似出丧时那乞丐的头儿”，这恐怕并不是什么好印象。而鲁迅恐怕也并不在意这个相貌并不出众的女学生。

但是，如果男女之间只是因为相貌而互相吸引的话，那只是一段低级趣味的爱慕而已。

上过大学的人都知道，大学生逃课是一种必然，有“选修课必逃，必修课选逃”之说。但是鲁迅的课却无一人逃课，而且从来没有人在课堂上走神，或去干一些私事儿。跟很多同学一样，许广平深深地被鲁迅的学识吸引了。

但是，鲁迅有个习惯，从来不在课后回答学生的问题，当下课铃打响后，他便风一样地去了，即便反应再快的学生，却也捉不到他的踪影了，酷似他学会了诸葛孔明的六丁六甲之术一般。

许广平是个问题很多的学生，即便屡屡在课堂上提问，但她似乎还有很多问题根本无法在课堂上解决。可是，下课后，她又抓不到鲁迅的踪影。

积蓄了许久之后，许广平终于决定，给鲁迅写信求教问题，这已经是 1925 年 3 月的事情了。信的内容很简单，像许多今日即将毕业的大学生一样，许广平称自己快毕业了，对前途十分的迷茫，非常苦闷，请鲁迅先生为她指点迷津。

本是一篇平常的请教问题的书信，但信送出后，许广平却突然感到了一阵的紧张，心中忐忑不安，这一夜她竟然失眠了。

鲁迅到底会怎么对待她的这封信呢？最大的可能当然是置之不理。

但是，令许广平很意外的是鲁迅的回信很快就到了，展开信，首先映入眼帘的是“广平兄”三字，鲁迅以这样的称谓回信，令许广平非常欣喜，紧张的神经也一下子松弛了下来。

鲁迅在信中谈了中国当代的学风，谈了女师大校中的事，又着重谈了他的处世方法，更谈了他对于当时学子前途的认识。文辞平易近人，丝毫不带有他文章中常见的那种辛辣的味道。

许广平在感动之余，随即给鲁迅写了第二封信，首先她对鲁迅提出，怎敢跟老师称兄道弟？信中许广平还对教育现状、学校情形和人生道路提出种种看法和疑问。鲁迅仍然很快就复了信，对她提出的种种问题作了深刻的阐述，对“广平兄”这个称呼，鲁迅是这样解释的，他所认识的旧友、同学，来听自己讲课的学生，写信的时候我都称兄。生疏的人，才会用先生、老爷、太太、少爷、小姐、大人之类的称谓。

两人的距离被这一纸信札拉近了，而鲁迅和许广平之间著名的《两地书》也从此开始了。《两地书》是鲁迅和许广平多年间通信的集录，是两个人爱情的一个鉴证。

就像是今天的网络聊天一样，两个人都对这种交流方式乐此不疲。

到了 1925 年 4 月，两个人的关系已经发生了明显的变化，这时许广平在信中给鲁迅主办的杂志《莽原》提了很多中肯的意见，而鲁迅也帮助许广平在报纸上发表了很多文章。

这些信中许广平不再沿用“你的学生许广平”来称呼自己，而是直接说“小鬼许广平”。而鲁迅也知道，他们之间再也不是什么单纯的学生关系了，鲁迅终于请许广平单独到自己的家里来做客，这是他不曾给过其他学生的特殊待遇。

许广平很兴奋地接受了鲁迅的邀请，并在随后给鲁迅的信中说这次来访为“探险”。此时，鲁迅也放下了身份，大胆地走进了他和许广平的情感世界里去。

在鲁迅的教育和启发下，许广平也变得颇有战斗力，她很快成为女师大学生运动的骨干，曾与刘和珍等人发表了大量揭露和批判段祺瑞政府黑暗统治的文章。

1926 年 6 月，许广平终于从女师大毕业了，而鲁迅应聘要到厦门大学去任教了。同年 8 月 26 日，鲁、许二人同车离开北京，到了上海。

到了上海后，许广平和鲁迅彼此带着一份深厚的情感分开了，鲁迅转车去了厦门，而许广平回到了老家广州。

两个人深知，此时两个人的心中都彼此有了对方，他们知道这是属于自己的爱情到来了。但是，鲁迅此时的心中依旧是清醒的，因为他知道自己的心中还有一个结无法解开，那就是还待在家中的老妻朱安，那个他曾经没有爱过，却是他法定妻子的人。

对于眼前的这份爱情，鲁迅并不想拒绝，但是他深知这份爱必须要承担更多的风险。而且他也在忧虑另一件事情，那就是他跟许广平的恋爱。他能给许广平什么呢?

中国的女人最重的是名分！鲁迅深刻地知道，恋爱就应该以婚姻为目的，否则就是不道德的，但是婚姻恰恰是他和许广平的恋爱难以迈过去的一道坎。

只要有原配朱安在，鲁迅永远也不可能给予许广平真正的妻子身份，恋爱的浪漫与婚姻的现实，残酷地对立了起来，鲁迅只能在这份爱中，快乐并痛苦着。

但，可以肯定的是，鲁迅是个敢爱的男人，从1926 年 9 月到 1927 年 1 月，鲁许二人通信不断。

当时陈嘉庚建立的厦门大学的生活条件比北京要差很多，而且其国学院中的学派林立，各方学说彼此争论不休，这些争论并不像当年蔡元培主持的北大的论战一样带有一种浓厚的学术气息。

在这里看到的却是一批文人在为没有意义的问题咬文嚼字，鲁迅十分厌烦这种生活。好在他心中的苦闷，可以通过信件向许广平倾诉。鲁迅渐渐感觉到，他在情感上越来越依赖许广平了，而许广平也愿意做那个抚慰鲁迅心灵的女子。

在信中他们无话不谈，除了彼此的工作外，许广平很关心鲁迅的身体，鲁迅也会自觉地向广州方面报告自己的生活起居情况，有时他甚至会把一天吃的什么都一丝不漏地写到信里去。

许广平则在书信中教给鲁迅用湿石膏粉在食物周围

画圆圈来抵御蚂蚁，还劝他少喝酒。许广平此时俨然成了鲁迅的后勤部长，虽然离得很远，但是鲁迅的生活很明显是被许广平用书信在远方遥控着，这已经是一种带有夫妻性质的交往了。

在厦门和广州的书信交往中，鲁迅特意提到了他在厦门和一些女生的关系，他竟然连自己班上的女生数量都一五一十地跟许广平说清楚，生怕惹起许广平的醋意。

鲁迅的态度很明确，虽然他和许广平是师生恋，但是绝不会再跟别的女学生亲近。

对于许广平在广州的经济状况，鲁迅一直颇为担心，他一直在信中询问许广平钱够不够用，如果不够用一定要通知他。许广平是个十分独立的女性，她一直坚持工作，没要过鲁迅的一分钱，但是她却对鲁迅对自己的情意更加感动了。

许广平得了一块金星石，刻了一个印章给鲁迅寄去了。鲁迅得到这枚印章非常高兴，特意托人从上海买了一块上好的印泥来。

许广平听闻此事，在回信中说道："傻子！一个新印章，何必特地向上海买印泥去呢，真是多事。"许广平竟然在信中直接称呼鲁迅为“傻子”，这种常见于青年情侣间的昵称，却出现在了一对相差十七岁的忘年恋中，实在是令人感到惊叹。而一向以文坛“硬汉”形象示人的鲁迅，此时已经沉浸在许广平营造的温柔的爱情之中不能自拔。

鲁迅深知是该抛弃很多世俗的观念，很多流言蜚语的时候了，因为许广平已经在爱情的彼岸准备好了，只等着他到来。

但是，鲁迅毕竟不能坦然面对这份感情，他要想的很多，直到许广平的一封信寄了过来，他才彻底下定了决心。

“不自量也罢！不相当也罢！同类也罢！异类也罢！合法也罢！不合法也罢！这都于我们不相干，于你们无关系，总之，那是我的爱！”

鲁迅看过信后，大喜！并在屋中大喊：“我可以爱！”

在与鲁迅的爱恋中，没有许广平的坚持，鲁迅怕是永远也下不了这个决心的。

1927年1月18日，鲁迅到了广州，任中山大学文学系主任兼教务长。许广平很快被他聘为他的助教。这时，二人依旧还是以师徒相称。

但不久，鲁迅便因不满意中山大学的人事雇用问题而辞职。9月，鲁迅和许广平一同启程去往上海，住进了上海虹口景云里23号，这时鲁迅开始了专职写作。而从这日起，他们才开始了他们的同居生活。

对于这一段历史，很多人并不愿意提及，认为这是鲁迅人生中的一个污点。更有很多喜欢鲁迅的人不愿意相信他们熟悉的那位横眉冷对千夫指的文坛斗士，会在私生活上有这样的经历。

在这里，我们应该认识到，我们所认识的鲁迅，不应该被简单地理解为是像《水浒》中那些“整日只知道打熬筋骨，对女色却不十分打紧”的梁山好汉形象。

鲁迅是一个为特定时期所树立起来的几近完美的形象，但是他也是一个普通人，我们不能忽视他对情感的追求。鲁迅和许广平同居是为了爱情，即使在鲁迅去世后，许广平女士也没有避讳这一点。

鲁迅没有像当时很多有钱有势的军阀一样，选择抛弃发妻而另娶新妻的方式，他不和自己的原配夫人朱安离婚，不也正显示出了他身上那种责任心吗？他虽然跟朱安一点感情都没有，却不愿意伤害那个同样是旧式婚姻牺牲品的可怜女人。

当然，我们也没有必要去赞扬鲁迅和许广平同居的行为，因为那毕竟是一种趋向于畸形的“婚姻模式”，是一种旧社会的流毒，不应该在当下的新社会中去大说特说。

我们只要记住，他们两个人之间的真爱就足够了。

十年

“如果对明天没有要求，牵牵手就像女友，成千上万的门口，总要有一个人先走。”

这首陈奕迅的《十年》里的歌词，形容鲁迅与许广平最后十年的生活是最为合适的。

鲁迅加倍忙碌地写稿、翻译和编书，同时与郁达夫合编《奔流》，与柔石合编《朝花周刊》。由于得到许广平这样的支持，鲁迅人生最后十年的著作，无论从数量上还是质量上都超过了以前的二十年。

1929 年 9 月 27 日，鲁迅和许广平的儿子周海婴出生了，这是鲁迅唯一的儿子。面对儿子的降生，鲁迅高兴极了，鲁迅与许广平对小海婴倾注了无限的爱心。

鲁迅时常对许广平说，我要好好地替中国做点事，才对得起你。人们都发现鲁迅来到上海后，“战斗力”增强了许多。鲁迅的文风此时变得越发老辣起来，特别是他的杂文，对实事评论十分精辟，入木三分。

1930 年，鲁迅因发起中国自由运动大同盟和参加左翼作家联盟成立大会，被中国国民党浙江省党部呈请通缉。鲁迅和茅盾、叶圣陶、冯雪峰隐蔽于内山书店，后又在日本人内山完造安排下，全家避居北川公寓。

鲁迅的安危惊动了蔡元培和宋庆龄，郁达夫等人更是在报上刊登寻找鲁迅先生的启事，欲以公众舆论阻止反动派的妄为。

就是在这样的危险环境下，鲁迅以探母为由，毅然北上，分别在北京大学、辅仁大学、女子文理学院、北师大和中国大学发表著名的“北平五讲”，再次震慑了当局。

虽然在众多爱国志士的保护下，鲁迅安然回到了上海，但是反动派已经将其当做了眼中钉、肉中刺，并且已经上了国民党反动派的黑名单。

在这段期间，许广平坚定地支持鲁迅，面对白色恐怖不曾退缩。民主志士杨杏佛遇刺后，鲁迅不顾个人安危前往吊唁。许广平劝阻不住，干脆把心一横，决定一同前往，用自己的身躯保护鲁迅。

好在中共地下党和各路民主人士的多方努力才使得鲁迅此行有惊无险。

这十年间是许广平最为忙碌的十年，最为危险的十年，却也是最为开心的十年。

她见证了鲁迅不畏强权敢为百姓、冤屈者说话的那种力量，她也看到了他为了不同的思想倾向，跟自己亲弟弟周作人决裂的那种暴烈，她更认识到了鲁迅这位伟大的作家、教育家、革命家对中国近代革命发展所做出的努力。

面对这些，许广平选择坚定地守候在鲁迅的身边，无论周围的环境有多么危险。

鲁迅并不是一个像陶渊明一样遇到不好的世道就去避世的文人，他的人生大部分时间是在战斗！跟旧体制战斗！跟不公的世道抗争！

在这些年中，许广平的同学刘和珍君去了，众多左翼联盟的作家们为了革命献出了自己的生命，鲁迅的故交好友共产党人瞿秋白被捕后遇害。再加上他的弟弟周作人与占了东三省的日本人走得越来越近，各种各样的打击让鲁迅的身体状况每况愈下，体重只剩下了三十几公斤。

鲁迅一直是用一口真气支撑着他的身子，而气大伤身，他开始出现了咯血的情况，宋庆龄等很多友人都劝他前往国外疗养，结果都被鲁迅谢绝了。

时间到了 1936 年，鲁迅终于病倒了，而这一倒鲁迅就再也没有起来。

这时，许广平在这位倒下的“战士”床前，一直守候着他。她很清楚，眼前这位文坛巨匠的大限已经快要到了。

鲁迅重病之中，依旧不肯接受国民党反动派的收买。他怒目说道:“你们以为我快死了，我的骨头可以软下去么?”

许广平听到了这位伟人最后的良知呐喊，泪珠早就不能自已了。鲁迅也知道自己来日不多了，拉着许广平的手说道:“忘记我，管自己生活!”

1936 年 10 月 19 日凌晨，鲁迅与世长辞。

许广平带着极大的悲痛，送走了这个根本没有和自己履行过结婚手续的“丈夫”。她也并未听鲁迅所言，退出文坛和政治舞台。她选择了坚持，决心完成鲁迅的未竟之业。

她将鲁迅1934年至1936年的杂文十三篇编成《夜记》，于1936年4月集合出版。又以三闲书屋名义自费出版了《鲁迅书简》的影印本及《且介亭杂文末编》等书。

算是对鲁迅的人生做了一个交代，当许广平想继续整理和发表鲁迅的著作和学说的时候，一场中华民族的浩劫到来了。

抗战岁月

鲁迅的时代结束了，一直作为配角的许广平却走到了历史的前台来。

“七七”事变后，日军猖狂攻击中国东部城市，1937年11月上海沦陷后，许广平为了保护鲁迅的全部遗稿及其他遗物，留在上海未走。

在中国共产党上海地下组织的资助下，许广平和胡愈之、郑振铎等二十人组成“复社”，以“鲁迅纪念委员会”的名义，在中国共产党的领导和资助下，编辑出版了六百万字的《鲁迅全集》。

许广平在此期间终于明白了，中国共产党才是领导中国革命，并能取得最后胜利的终极力量。她开始在中国共产党的领导下，秘密地投入到了抗日斗争去了。

在上海租界里，许广平积极为前线抗日将士募捐日用品、药物和其他慰劳品，还为《上海妇女》、《妇女界》、《上海周报》、《申报》副刊《自由谈》、《文汇报》副刊《世纪风》等报刊杂志撰稿，并发表了大量纪念鲁迅的文章，以打破日本帝国主义的奴化宣传。

日本军队当时虽然已经占领了上海，但是他们在没有接到上峰命令之前，却不敢踏进租界一步，许广平就在这个空档里做了大量的革命工作，也开始真正接触到了马克思主义理论，并最终确定了马克思主义是她人生应该确立的信仰。

不过，许广平在上海的日子过得越来越惊险，1941 年太平洋战争爆发，日本跟美国和西欧都撕破了脸，他们再也没有任何顾忌，野蛮地闯入了上海租界，烧杀抢掠，搜捕中共地下党员。

为了寻找上海抗日知识分子和出版家的线索，日本宪兵于 1941 年 12 月 15 日清晨逮捕了许广平。

要知道，当时整个中共的地下党系统遭到了严重的迫害，已经没有余力再救助许广平了。日军对许广平动用了残忍的酷刑，把一个柔弱的女性折磨得死去活来。但是，每当许广平想起鲁迅的铮铮铁骨，她就觉得眼前的这些敌人根本没有这么可怕，她一直把鲁迅的言语记在心头，誓言自己也要做个硬骨头的中国人。

1942 年 3 月 1 日，没有在许广平嘴里得到任何有价值情报的日军终于将她释放了，当许广平再次见到监狱外的阳光的时候，她的腿已经残疾了，不能再正常走路了。

亲友们看着她不断增多的白发和一瘸一拐的样子，心里都不是滋味。可许广平却淡然地面对了这一切，她对周围的人笑笑，告诉大家无论发生什么，都要坚强地活下去。

在许广平的鼓励下，众多在后方的爱国文人们用手中的笔和火热的心，站在了宣传阵地的前沿，而许广平也以极大的热忱继续活跃在了中国文坛上，为抗日战争的最后胜利，做着自己的努力。

在这烽火岁月中，许广平放心不下的还有一个人，那就是独自一个人在北平苦苦度日的鲁迅原配妻子朱安。

朱安是个可怜的女人，她的不幸源于旧婚姻制度的流毒，她在北平根本没有谋生的手段，许广平非常同情她，鲁迅死后，她一直在经济上接济朱安。即便是在八年抗战这样的艰苦岁月里，许广平也是想尽办法将生活费寄给朱安。

朱安虽然没念过书，却也是个颇有骨气的女人，当时已成日本人走狗的鲁迅二弟周作人，也时常拿出钱来接济朱安，但是朱安却从来没有接受过。这些都说明，在朱安的心中是有最起码的道德观念和爱国情怀的。

而每次接到许广平汇来的生活费，朱安逢人便要说："许先生待我好，她懂得我的想法，她的确是个好人。"可见，朱安已经充分理解了许广平的善意。

而许广平也始终在自己的情感上对朱安抱有一份尊重，在朱安去世后的一年（1948 年），许广平在一篇散文里写道："鲁迅原先有一位夫人朱氏……她名'安'，她的母家长辈叫她'安姑'。"这是我们知道鲁迅原配夫人名字的唯一一段史料。许广平在朱安人生最后的岁月里，给了她一份爱心、一份尊重。

最艰苦的抗战岁月终于结束了，这八年间，许广平一直生活在沦陷区中，时时体会着日本帝国主义对中国人的迫害，她不退缩，不放弃，用自己的爱国情怀和极大的工作热忱，为国家和民族的战争付出了自己最大的努力。

抗战结束后，许广平本被聘任为中央人民政府政务院副秘书长，但是她却心向中国共产党，极为反对蒋介石的独裁统治。

1948 年 10 月，许广平几经辗转，在中共地下党的安排下，经香港秘密转入解放区。解放后，许广平当选为中国人民政治协商会议委员。

解放后不久，许广平把鲁迅著作的出版权上交给国家出版总署，还将鲁迅的全部书籍、手稿及其他遗物捐赠国家有关部门。1959 年 10 月，她完成了将近十万字的《鲁迅回忆录》。

1960 年 10 月，饱经沧桑的许广平终于加入了中国共产党，终于实现了她多年的夙愿，在此之后，许广平终于以共产党员的身份投入到了她的工作中去了。

1968 年 3 月 3 日，许广平在北京逝世。

许广平的人生是民国中众多知识女性的一个缩影，

她敢于追求爱情，却也不愿意伤害那些旧婚姻体制下的受害者。她有着坚定的信念和一颗勇敢无畏的心，她的革命之心是无比坚定的，即便在任何的艰难困苦中，都无法改变她的志向。

在这里，向民国中在各条战线上付出的知识女性表达我由衷的敬意!

章六　戏中戏，福芝芳、孟小冬与梅兰芳的两段情缘

民国绝不是个清平世界，常年间军阀混战，又有外夷侵扰掠夺，让生产和经济的发展受到了严重的制约。

但在这样的乱世间，民国的文化、文艺却出现了空前的发展，在这个时代里中国产生了诸多对世界都有所影响的艺术大师。

单就京剧这种艺术形式而言，民国就可以被称之为“黄金时代”。

在这个时代里，京剧行当的名家辈出，百花争鸣，比较有代表性的前有谭鑫培、后有梅兰芳！

梅兰芳，名澜，字畹华，1894 年生于北京一个梨园世家。梅兰芳九岁开始学戏，十一岁登台，他幼时练功，凡是青衣、花旦、刀马旦各种基本功都要去学，故练就了一身坚实、深厚的基本功，这使得他以后演戏，无论旦角中的什么行当都能得心应手。

梅兰芳是当之无愧的艺术大师，很多人都赞叹他对于京剧艺术的巨大贡献，而就我个人对京剧的认识而言，梅兰芳对于京剧最大的贡献莫过于他把京剧中旦角的地位提高到了和老旦、老生、花脸同样重要的地位上。让旦角这个行业真正成为了京剧舞台上的主角，不再是男性角色下的陪衬的花环。

而更重要的是，梅兰芳把众多的女性观众也请入了戏园中，让她们可以跟男性一样，去欣赏京剧艺术的魅力，感受京剧给大众带来的愉悦。

梅兰芳何以能在京剧界取得如此大的成就呢?

有的人说梅兰芳从他年轻时起，就有一大批文人墨客和受到过现代教育的知识分子，在他的周围帮助他。有的帮他编写剧本，有的为他搞宣传，有的给他做文墨工作，有的对他的舞台艺术设计和演出提出意见。这对他的舞台艺术的逐渐提高起到十分重要的帮助作用。

但就我个人而言，我认为这只不过是艺术外在的修饰而已。作为一个伟大的艺术家而言，我认为更重要的是在他的内心深处一定会有一种真的情感存在，才可能在舞台上把自己的情感传达给观众，才能让所有的人都能接受到他的艺术。

而梅兰芳就是具有这种真实情感的大师，他的真情来源于他生活中的两个女人，这两个人物就是在陈凯歌的电影《梅兰芳》中分别由陈红扮演的福芝芳和由章子怡扮演的孟小冬。

芳心已许

“长澄浪里天心湿，芳心总是伴忠魂。”

这是周恩来总理对于一个女人的评价，这个女人就是梅兰芳的夫人福芝芳。

由于影视剧的影响，很多人把福芝芳看做是一个庸俗的小女人形象，是她一手拆散梅兰芳和孟小冬的婚姻，但那只不过是福芝芳对于梅兰芳外遇的一种不妥协的态度罢了。

历史上的福芝芳是一个温柔贤惠、对于国家大义绝不含糊的女人，她在梅兰芳的一生中起到了举足轻重的作用。

福芝芳的外祖父曾经是满族的军官，靠吃皇粮过活，膝下只有一女，就是福芝芳的母亲福苏思。

辛亥革命后，满清八旗兵彻底失去了往日的神气，福苏思父亲的军官收入被中断，别无长处的他只能靠变卖家产度日，这让他的家庭生活立即陷入了困顿之中。

当时，为了减轻家中的负担，也顾不得满汉不通婚的旧例了，福芝芳的外公只好把十九岁的福苏思嫁给了一个做小食品生意的人，谁知道婚后，两个人常常打架，后来怀有身孕的福苏思逃回了娘家，死活也不肯再回到丈夫身边去了。

好在家中父母给了她足够的理解，留福苏思在家居住。九个月后，宣武门外的四合院里突然发出了一声孩儿的啼哭，福芝芳便在此降生了。

但是，福芝芳的外公、外婆却在她出生后不久便先后离世了，家里只剩下一对孤儿寡母。

这时福苏思只好承担起了家中的所有责任，既要抚养女儿，又要为生计去赚钱。好在福苏思虽是满人，但为人却非常正派、随和。她经常给邻里援手，干一些自己力所能及的事情，所以大家都非常尊重她，孩子们都亲切地称她做“福大姑”。而福芝芳从小长得美丽、可爱，大杂院里的邻居们都非常喜爱她，所以都争相援手帮助这对可怜的母女。

由于福芝芳生得十分俏丽，在十五岁的时候，就有人向“福大姑”建议，可以把福芝芳送去学戏，此时正是梨园行兴盛之时，这条路，未准可以给他们母女创出一条金光大道来。

满人学戏？这件事当时可是要经过慎重考虑的，因为唱戏、说书，自古就是下九流的行业，福家虽然破落，但好歹曾是满清贵族，送自家的女儿学戏，“福大姑”心中自然是经过了一番抉择。

好在“福大姑”是个深通时务的人，她仔细思量，最终同意了让小芝芳去学戏。

四下打听，得知不远的四合院里住着一位十分了得的京剧大师，叫吴绫仙，是旦角里颇有影响力的老师傅，而他还有一个徒弟就是已经名满天下的梅兰芳。

吴绫仙见到福芝芳后，非常喜欢，立即收了做徒弟，悉心教导。

谁都没想到学戏刚刚一年的福芝芳就小有所成，已经可以登台演出，且屡屡受到喝彩，很多行内人士都评价福芝芳为“一代坤旦”，是京剧界旦角里的未来之星。

而谁又会想到，福芝芳可以为了一个男人而放弃自己的大好前途，甘心为他一辈子做幕后之人呢？

1920 年，一次机缘巧合，福芝芳和师兄梅兰芳相遇了。

两个人在一个堂会上会面，梅兰芳见台上一飒爽英姿的刀马旦，演了一出《战蒲关》，那身段，那唱腔只叫一个绝字！此时的梅兰芳便已动了凡心！

原来，梅兰芳的原配夫人王明华给梅兰芳生了一儿一女，一家人本来其乐融融，幸福美满。谁料麻疹这种传染病，一下子就夺走了两个孩子的性命，而王明华此时由于身体原因，已经做了绝育手术，不可能再给梅兰芳生育了。

带着一种愧疚，王明华提出了建议，想过继自己哥哥的孩子做儿子，可是梅兰芳觉得那样怎么着都不是自己的亲生骨肉，心中不是滋味！

王明华体谅丈夫的想法，便允许梅兰芳再娶一房夫人，好为他生儿育女。

而梅兰芳对于女子的要求也很高，一般的女子根本看不上眼，而这日与福芝芳相遇，看她在舞台上兢兢业业的表演，心中已有了好感，他又在暗中观察福芝芳的为人，见她下台后与后台人员说话时非常直爽，待人接物也颇有礼数。

梅兰芳此时便向周围的人问及这是何人？有人对他说道，她是吴师傅的徒弟，福芝芳。

回到家中，梅兰芳思之良久，终于拿定了主意，托人到吴绫仙家走了一趟，把梅兰芳的意思婉转地告诉了吴绫仙。

吴绫仙虽然是梅兰芳的老师，但梅家的上辈却对他有恩，所以吴绫仙一直想找个机会报答梅家。听说徒儿看上了福芝芳，又觉得这同门师兄们结合，知根知底，再好不过，便一口答应会从中撮合。

过了两天，吴绫仙以到梅家去借《王宝钏》的本子为借口，带着福芝芳到梅家去做客。福芝芳当时十分兴奋，上次堂会自己根本不知道梅兰芳也到场了，自己只是傻呼呼地演了一场戏而已，而今日却有幸到梅家去，看看这梨园世家的气派，的确是一件很让人高兴的事情。

而吴绫仙带福芝芳到梅家去的用意也很明显，就是想让梅家的长辈们都看看这个女孩，如果愿意，他便跟福芝芳提媒，如果长辈们根本看不上，那就只当是自己带徒弟串了一趟门，事后也不会向徒弟提及此事，以免伤了女孩的面子。

梅家人见到了漂亮且沉静的福芝芳，非常满意，立即要求吴绫仙去说媒。

福芝芳这才知道了师傅带自己去梅家的用意，但是她万没有想到想娶自己的人竟然是大名鼎鼎的梅师哥。在她的心中，她曾无数次地祈祷自己有一天能跟梅兰芳学上几出戏，但是这位师兄在自己的心目中却永远是一位遥不可及的偶像级人物，真的没有想到他会喜欢自己。而当吴绫仙对她提出此事的时候，福芝芳满心欢喜，一颗芳心早已飞到梅府去了。

但是此事并不像想象中的那样水到渠成，福芝芳的母亲福苏思对此事怀有异议，因为她听说梅兰芳的妻子王明华活得好好的，这样女儿嫁过去岂不是给人家做了小妾，只当了个生孩子的工具？所以这位“福大姑”表示虽然自己家境贫寒，也决不会为了收订金和聘礼把女儿胡乱地嫁出去。

梅家听到“福大姑”的这般话，不但没有生气，反倒对福芝芳更加敬重了。梅兰芳当即表示自己娶福芝芳不是侧室，而是与王明华同等地位，是平妻！还有他会把“福大姑”也接进梅府养老送终，绝不轻视。

就这样，“福大姑”再也不能反对女儿的婚事了，福芝芳和梅兰芳才正式结为了夫妻。

在洞房花烛之夜，梅兰芳仍旧对王明华怀有着一丝歉疚，先到了她的房内，温存了一番，才入了洞房。好在王明华和福芝芳都深深爱着梅兰芳，她们都没有计较共同拥有梅兰芳的尴尬。

在平日的生活里，她们惺惺相惜，以姐妹相称，王明华主管家务，而福芝芳却从此退出了京剧舞台，一心一意的开始支持丈夫的事业。

一年后，福芝芳产下一子，取名大宝，在孩子出生的第三天，福芝芳便叫奶妈把孩子送到了王明华的房里，说第一个孩子应该过继到您的名下。这种尊重，让王明华十分感动，但她知道孩子是娘的心头肉，便把孩子又送回到了福芝芳的房里。

福芝芳深感大姐的情意，与之感情日笃。

此后，福芝芳、王明华与梅兰芳过了五年的恩爱生活，本以为一切再无波澜，但谁又会想到一个女人突然走进了梅兰芳的世界，这个女人终成为了福芝芳最大的情敌！

“冬皇”出世

早在太平天国年间，英王陈玉成就曾经组织过戏班，而一个叫孟九的人就在这个戏班中教戏，当时只要是梨园行的人见到孟九都要称他一句“前辈”。孟九有个儿子叫孟鸿群，在上海也是颇为有名的京剧演员。

这个梨园世家好生兴旺，但是孟九不会想到，最后继承他们孟家衣钵的人竟然会是一个女娃。

1907 年，一个女孩在上海孟宅内哇哇坠地了，她是孟鸿群的女儿，由于出生在农历冬月十六，上海人管这一天叫“小冬”，故女孩也起名叫孟小冬。

既然出生在梨园世家，那唱戏就变成了孟小冬不得不走的一条路，她每天起来都要跟着父亲吊嗓子，练基本功。但是重男轻女的孟家，却没有重视孟小冬，他们认为女孩子在戏台子上是吃不开的，还是早点嫁人好，故对孟小冬的要求并不严格。

但是，孟小冬的姑父仇月祥却不这么想，他见孟小冬一天天地长大，面目清秀，吐字圆润，实在是个好苗子。

当时的民国，女子不许登台唱戏的旧例已经被打破，所以女孩唱戏的也不在少数，但大多都是扮作青衣、花旦，如福芝芳等人。但仇月祥是正科的老生，他想另辟蹊径，让孟小冬跟着自己唱老生。

仇月祥对孟小冬管教极严，稍有差错就会责打，就在孟小冬十四岁那年，仇月祥不顾家人和行内众多朋友的反对，想把孟小冬推上上海虹口大戏院的舞台。当时上海帮派林立，如果稍有闪失砸了场子的事常有，所以戏院经理也不敢冒这么大的风险，因为这事根本儿戏不得。

但孟小冬在经理面前试唱了一出《逍遥津》选段，唱的是汉献帝这个角色，一段唱完，经理欷歔不已，立即让仇月祥替孟小冬签了演出合同。

让所有的同行惊诧的事情发生了，明明是个俏丽的小姑娘，在扮上行头之后，却活脱脱是个老生形象，就是个子矮了一些，旁边演汉献帝两个皇子的演员都比孟小冬高很多，这让台下的观众看得是十分的有趣。

但是，当孟小冬开口的时候，台下立即鸦雀无声，她那字正腔圆的唱腔，悲壮苍凉的喉音，立即征服了台下的观众，喊“好”声不绝于耳。

从此，孟小冬一夜成名，她的戏场场爆满，票价也被“黄牛”炒得高了又高。孟小冬的出世，代表着京剧界一种新生力量的崛起。

如果说是梅兰芳打破了舞台上女性角色只能做配角的传统的话，那么孟小冬就打破了女性演员只能做配角的一个旧传统。

孟小冬后被《大风报》称作“冬皇”，这代表了她在艺术上的成就已经被世人承认并接受。但是在上海得到了认可，并不代表孟小冬已经成功了，要知道所有的京剧名角如果想要确立自己的地位的话，必须要在京津两地唱红才算数！

1925年，孟小冬踏上了她京剧人生的必经之路，来到了梨园圣地北平，开始了她闯荡北方的生活。由于北平的戏子多如牛毛，声名在外者更是不计其数，当时孟小冬的名气都在南方，北方的戏迷对她几乎是一无所知。

所以，孟小冬来到北京后并没有接到剧院的邀请，而只能去韩家潭唱一些堂会。但，是金子就不会被埋没，几桩堂会唱下来，前门外大栅栏三庆园戏院便主动找到了孟小冬让她去唱《四郎探母》。

从此，孟小冬版的《四郎探母》在北京家喻户晓，人们争相要看看这个由女孩子扮演的男子是何模样的。

而此时，梅兰芳却也在过着忙碌的生活，他的团队正在为他设计着新的戏码，梅兰芳在承华社日日演夜戏，非常的辛苦。

1925 年 8 月 23 日，一个偶然的机会，让孟小冬和梅兰芳的人生终于有了交点。这一天正好是北京电灯公司的冯总办庆贺老母的八十岁寿辰，要举行堂会，在确定戏码的时候，决定让梅兰芳和余叔岩来合作《四郎探母》，但是演出的时间临近，却出现了意外，原来余叔岩早已患了严重的肺病，只不过一直撑着，直到演出的期限临近，他突然住院，才告诉了梅兰芳自己不能出演了。

如果换做其他演员，临时更换搭档是非常麻烦的，因为他们没有经过排练难说默契，但是对于梅兰芳而言，却不十分着急，因为京城跟他合作的老生大有人在，而且个个技艺高深。

但是此时，却有人提出了一个新的想法，说可以让孟小冬试一试跟梅兰芳搭配来唱一出《四郎探母》。梅兰芳也听过这个孟小冬，世人都说她是“天下第一须生”，但却是个女子。

一向善于改革戏剧，并另辟蹊径的梅兰芳欣然接受了这个建议，因为他觉得这样的新组合一定会让人眼前一亮。一个男人唱的是旦角，一个女子唱的却是老生，这样的性别换位，本身就是戏剧的卖点。

孟小冬接到了梅兰芳的邀请，十分欣喜，她心中明白即便是自己有了个“冬皇”的虚名，但在梅兰芳面前，她还不只不过是个小学生而已。

两个人第一次见面是在中国银行总裁冯幼伟的家里。

冯宅在东四九条35号，这里是“梅党”集会的地方，而这位冯幼伟不仅是金融界的翘楚，更是梅兰芳在京剧界的“军师”，梅兰芳几乎每一出新戏的试演和排练都是在冯幼伟的家里完成的。

梅兰芳见到孟小冬后，被她的美貌深深打动，轻呼了一句：“孟小姐。”

而孟小冬也丝毫没有从梅兰芳身上感觉到那种骄傲和盛气，亲切地叫了一句：“梅大爷。”

随后两个人便开始了排练，可谁会想到初次合作的两个人，却没有丝毫的不协调，一来《四郎探母》是一出传统戏，是基本功！二来两个人的艺术底蕴都非常深厚，一出唱下来，迎得了满园的喝彩之声。

从此，孟小冬的心中真正地走进了一个男人，一个美丽扮相却有着温柔特质的男人。而梅兰芳此时，也觉得孟小冬实在是非常了不起，他的心中，这个年轻的女孩也占有了一席之地。

梅兰芳和孟小冬版的《四郎探母》如期在堂会上上演，演出顺利，立即在京城引起了轰动效应。

但是，当时有个不成文的规定，就是男女演员并不能在戏园子里同台演出，也就是说梅兰芳和孟小冬的合作只限于堂会这种小范围的演出形式，并没有将他们的合作推向社会，让大众去认知。

而且堂会不是天天都有，所以梅兰芳和孟小冬的第二次合作就变得遥遥无期了。

时间到了 1926 年下半年，北洋政府财政总长王克敏为庆贺五十大寿，决定办一次堂会。结果，梅兰芳和孟小冬都被请来参加晚宴，并未说让他们在一起演出。可晚宴后，便有人提议，让二人合作一出《游龙戏凤》。

提这个建议的人，我们现在已经无从查证了，但是我们却可以感受到这个人的“用心良苦”！

《游龙戏凤》这出戏的主角是大明朝的正德皇帝，正德就是大明朝的明武宗，是个著名的顽童、变态色狼外加昏君，他在位期间不顾朝政，常常微服出行，四处游玩，《游龙戏凤》讲的就是这位正德皇帝扮作军官出行，在梅龙镇的酒店遇到了李凤姐，被她的美貌所吸引，就用言语挑逗李凤姐，当正德皇帝进了李凤姐的屋子，便不肯再出来，他怕李凤姐不从自己而找来官府，就干脆吐露了自己的真实身份，并封李凤姐为妃。

这出戏里，渲染了大量的情色情节，平常都是两个男人在台上演，自然是逢场作戏，但是今天要梅兰芳和孟小冬在台上出演却多少让这二人有点尴尬。

台下的人们都在关注身为女人的孟小冬，如何挑逗大男人梅兰芳，但是一出戏下来，二人的这次临时的拼凑，一个演得活泼俏皮，一个演得风流倜傥，有情却不放荡，有色却不淫荡。

就在此时，孟小冬已经可以确定，她爱上了这个戏里的“李凤姐”，而梅兰芳也从这出戏里看出了孟小冬的美，那是一种超越了生活的艺术气质，她的美带有一种男人的豪爽之气，这股气息下又隐含着一种难以名状的阴柔之美。

而这台下，大都是些懂戏的人，什么叫假戏真做他们自然看得明白，这孟小冬和梅兰芳之间的眉目传情，也逃不过他们的眼睛。

蹩脚的姻缘

首先倡导梅兰芳和孟小冬结合的是梅兰芳的“御用”编剧齐如山，此人大才，却也是个放荡不羁的公子哥。

他撮合梅兰芳和孟小冬另有深意，原来此时王明华的肺病日重，到天津治病去了，梅家只剩下了一位福芝芳独撑大局。而福芝芳对梅兰芳管理十分严格，弄得梅兰芳很不自由，梅兰芳此时根本没有时间跟他们这些文人混在一起了。

自此齐如山就非常讨厌福芝芳，一直想给梅兰芳在外边找个外房，好制约福芝芳。

孟小冬只比福芝芳小一岁，梅兰芳对于孟小冬的感情是一种基于艺术上的升华，而孟小冬也是如此。但，民国和现在是一样的，各种演艺明星的八卦新闻都是报纸、杂志不可缺少的重要新闻，也是大众的一种心理猎奇的需求。

不久，梅、孟两个人的恋情就被公开化了，孟小冬更是在公开场合带上了订婚戒指。但是由于史料的缺乏，我们并不能完整地了解到孟小冬和梅兰芳结合的全过程，也并不晓得其中重要的人物福芝芳的态度。

有市场才有供应，很多人都想知道这场婚姻的内幕，于是传媒界里便有了各种各样的版本。

《北洋画报》更是无中生有地说是王明华在天津主张了这出婚姻。这根本就是无稽之谈，因为当时王明华已经病入膏肓，而且她和福芝芳情同姐妹，何来促成这桩蹩脚的婚姻呢?

《梅兰芳》的回忆录中也不曾提及他和孟小冬结婚的事情，而近期在电影《梅兰芳》中扮演孟小冬的章子怡，希望另拍一部《孟小冬》，却得不到梅家人的一丝支持，更因为无法拿到梅、孟爱情间的第一手资料而作罢。

一切都变得扑朔迷离，我们现在唯一能找到的可靠资料就是孟小冬的姑父仇月祥是第一个站出来反对这桩婚姻的人，老人家把问题看得很透彻，认为孟小冬和梅兰芳的感情并不是什么真爱，而是一场寄托于戏间的朦胧之感，是一场似是而非的爱情。

况且，仇月祥认为孟小冬是一个京剧天才，嫁给了梅兰芳就代表着她的艺术生涯的结束，年龄还不到二十岁便脱离舞台，岂不可惜？但孟小冬是个执拗的人，执拗到她竟然和姑父兼启蒙师傅的仇月祥闹了个恩断义绝，即便后来孟小冬和梅兰芳分手又回到了上海，也未再去看这位师傅一面，这就是孟小冬的性格，她太过于冷漠，太过于有自己的个性了。

1927 年的一个风清月明的夜，孟小冬和梅兰芳正式结婚了，梅兰芳给她开出的条件和当初娶福芝芳无异，孟小冬和梅的前两位夫人一样都是平妻，而且梅兰芳答应赡养孟小冬的父母。

条件看似相同，但仔细观察，这场婚姻和福芝芳当年嫁入梅家却又有着很多的不同，首先孟小冬并未嫁入梅府，而是被安顿在了北京东单附近的内务府街的一户宅院中。而婚礼也并未有公开，没有花轿，没有迎亲，神神秘秘的，参加婚礼的也不过是冯幼伟、齐如山等梅兰芳的“死党”，一个梅家的长辈都未见。而我们也未见梅兰芳给予孟小冬一个合适的名分。二人结婚后，也未见梅兰芳对福芝芳如何的冷遇，福芝芳还就在梅和孟新婚时怀了孩子（就是后来的梅绍武），这些都说明了梅兰芳和孟小冬的关系远没有外界想象得那样亲密。

而福芝芳的态度也十分让人纳闷，按说孟小冬和梅兰芳结婚这事，她应该早就知道，同意与否本应有个态度，可是人们丝毫看不见这位梅家奶奶对这件事的看法，而人们却还能看见她和梅兰芳两个人共同出席一些重要场合的聚会，显得恩爱极了，似乎根本没有发生过任何事情。

那问题就来了，梅兰芳是如何看待他和孟小冬的这桩婚姻的呢？他的态度到底是怎么样的呢？

所有人都在思考这桩蹩脚的婚姻，这段离奇的感情。

当然，人们的疑惑很快就得到回应，看似平静的生活，被一桩命案打破了。

追星族自古就有，追星追出毛病来的也不在少数，就像是杨丽娟迷恋刘德华，或是像《大宅门》里那个白玉婷非要跟人家万筱菊的照片结婚一样。不幸的是，孟小冬拥有比这更疯狂的粉丝。

当时有个叫李志刚的大学生，日日逃课去听孟小冬的戏，却有一日突然见不到孟小冬了，他四处奔走打听，才得来了一个犹如晴天霹雳般的消息，原来自己的偶像嫁给了梅兰芳。

这个学生犯起了疯病来，认定是梅兰芳依仗权势霸占了自己的“未婚妻”，他连夜到了梅府前要见梅兰芳，要梅兰芳还自己的妻子。

梅兰芳正有一好友，《大陆晚报》的经理张汉举在他家做客，闻听此事，便自告奋勇帮助梅兰芳去摆平此事，万没想到他走到门前没跟李志刚说上两句，便被李志刚挟持了。

原来，李志刚此行是带着手枪来的，他把枪顶在了张汉举的后腰上，大喊要梅兰芳出来，并外加了五万元现金的勒索。

梅家人看到这样的恶徒马上报了警，军警立即赶到，那时的军警素质不高，也不讲究什么方式方法，更没有什么狙击手布阵，双方上来就展开了枪战，结果当然是李志刚和张汉举双双死于了非命。

这桩血案引起了京城的一片哗然，很多流言蜚语说梅兰芳横刀夺爱，才导致了血案的发生。

这时候，福芝芳终于按捺不住了，我们至今不知道，梅兰芳和孟小冬的关系她是真的不知道，还是装作不知道。但是据所有的资料显示，命案发生前，福芝芳并没有因为孟小冬的事跟梅兰芳公开争吵过。

但是劫持事件之后，福芝芳开始了反攻倒算，日日和梅兰芳争吵不休。这事终归是梅兰芳做的缺理，所以他终于开始重新考虑他和孟小冬的关系了。

孟小冬一开始还并未察觉，但是 1928 年年初《北洋画报》又突然刊登了一条消息："梅兰芳此次来津出演中原，仍寓利顺德饭店。但挈其妾福芝芳同行，则系初次。"

梅兰芳出外演出，带着妻子去的是头一次，但是他带的是福芝芳，却不是孟小冬。在孟小冬看来，这是福芝芳对自己的挑衅，也是梅兰芳并不承认自己是他的合法妻子的一种态度。

孟小冬越想越委屈，为了梅兰芳的名声，她不敢轻易地露面，为了他，她牺牲了自己的舞台辉煌和艺术追求，但却得不到梅兰芳的任何承认。

孟小冬是个受不了任何委屈的女人，她此时便向媒体宣布自己复出的消息，随后便重新回到了舞台，而这次声势很大，不仅北京，她还时常乘火车到天津演出，观众们听说"冬皇"复出了，兴奋异常。

梅兰芳表面不说什么，但心中极大的不乐意，他们之间的矛盾开始升级。

而这一切矛盾又因为一件事情而变得公开化了。1931 年夏，将梅兰芳养育成人的大伯母去世了，孟小冬头戴白花，前往悼念。孟小冬虽然已经嫁给了梅兰芳四年，却还没有踏入过梅府一步。

当孟小冬走到梅府门前时，却有一个女人挡在了她的面前。

原来在 1929 年，王明华就已经去世，现在的福芝芳是这个宅子名正言顺的主人。王明华临终前，她把福芝芳叫到了床前，没有说话，福芝芳看着眼前的王明华也掉下了泪来。福芝芳明白王明华的用意，她是要把对梅兰芳所有的爱，寄托在福芝芳身上，让她替自己继续照顾梅兰芳。

王明华走了，福芝芳感觉身上的责任也越来越大了，她必须承担起王明华的那份爱，继续支持丈夫在这条艺术大路上继续走下去，不离不弃地走下去。而福芝芳认为眼前在梅兰芳艺术道路上最大的绊脚石就是这个孟小冬，必须想尽办法，让她跟梅兰芳划清界限。

此时，福芝芳已经横下了一条心，她一脸严肃，挡住家门就是不让孟小冬进去。一个退役的女须生，一个谢台的女青衣，二人见面分外眼红。而孟小冬这次跟福芝芳算是顶上了，两个人争执不下。

这时，梅兰芳走出了门来，孟小冬本以为梅郎会把自己接入梅府，最起码也会安慰自己两句。但万没有想到，自己却听到梅兰芳一句冷冰冰地回应：“你回去吧！”

孟小冬终于清醒了，梅兰芳的冷酷让她胆寒，那个台上迷人的角色，却在现实世界中如此的绝情，连她这样小小的要求都难以满足，还指望他跟自己终老白头吗?

天此时下起雨来，孟小冬带着孝，淋着雨回到了家中，这时她的心彻底凉了，把门反锁上，不见任何人。

而梅兰芳自知白天太过绝情，趁夜赶来，可到了孟小冬门前，却吃了闭门羹。梅兰芳站在雨中一夜，方才离去。梅兰芳也不会想到，孟小冬这一离去，竟然成了他们二人的永别。

很多人认为，是造化弄人，害得这一对有情人劳燕分飞。

在这里，我必须简单地评价一下孟与梅的这段爱情故事。

就戏成缘，自是一种浪漫的结合，是现代女性大多要求的恋爱方式。但是，问题就在于梅和孟都只是一时的感情冲动，并没有想过他们即将面对的是现实的婚姻。

我们不能说两个人在感情上谁对谁错，只能说恋爱并不像婚姻那么简单。

当两个女人同时在你面前的时候，你必须做出抉择，如果让我在福芝芳和孟小冬面前选一个我喜欢的人，自是孟小冬无疑，但如果让我在二人之间选一个当老婆，我肯定会选福芝芳，因为我能在她的身上找到一种踏实的感觉。

孟小冬可为人妻，却不能为普通人家的妻子，正像她最初时说的那样，她嫁人一定要嫁给有权势的人。梅兰芳虽然有名，却最多只是个戏子，其实并不是她理想的结婚对象。

而梅兰芳也是个需要正常家庭生活的人，他选福芝芳而舍弃孟小冬是在所难免的。

孟小冬随后便搬出了梅兰芳给她的那间宅子，梅兰芳知道这段情缘难以挽回，便托人给孟小冬带来了今后的赡养费。

但这无疑又是对孟小冬的侮辱，孟小冬给送钱的人甩下了一句狠话：“我不要他的钱，我今后要么不唱戏，再唱戏也不会比他差，今后要么不嫁人，再嫁人也绝不会比他差。”

孟小冬带着伤痛回到了娘家，孟母一阵惊叹，到梅府说合，可是她劝得动梅兰芳，却劝不动自己的女儿。这段期间，孟小冬一直把自己闭关在了北京拈花寺中，潜心修佛。而后她又拜在了余叔岩门下学艺打发时间。

正是当年余叔岩的重病，才成就了梅、孟的邂逅，而此时孟小冬拜在余叔岩门下是不是另有用意，就难以解释了。

分手的恋人大部分做不了朋友，而是势如水火。就在梅、孟分手后两年，孟小冬突然在《大公报》上发布了重要启事，陈述她与梅兰芳分手是梅兰芳负她，还说当年的结合也是由于自己年轻受了别人的骗。

这就是一个女人的恨，从爱演变成的恨，非常具有杀伤力，这种恨一旦形成就一辈子都无法化解。

这段姻缘结束了，但是属于孟小冬的姻缘还会继续，不过下面我们必须要先说一下福芝芳的故事。

悬冰百丈名扬上海

很多人愿意讨论福芝芳在对付情敌孟小冬这个问题上是多么的龌龊、无情。

这里，我只能说一句公道话，对于一个女人来说，福芝芳为了维护自己的家庭，抢回自己的丈夫并没有错。只不过在这场情感的战争中，她的每一步棋走得都比孟小冬技高一筹，这是女人的智慧，无可厚非。

而福芝芳在历史上的表现绝不仅仅是那些情感故事，她在民族的危亡时刻，也表现得十分有气节。

1931 年，日本帝国主义者发动了“九·一八”事变，占领了我国东北，并不断南侵。中国北方的局势逐渐恶化，京津地区不断出现了许多日本浪人，在街头和工厂里捣乱。

1932 年，面对不利的形势，梅兰芳做出了一个决定，他想带一家南迁，并把目的地定在了上海。到了上海之后，梅兰芳发现福芝芳又怀孕了，他便租下了法租界马斯南路 87 号的法式洋房用来定居。

1933 年，为了鼓励抗战，他排演了《抗金兵》，在上海、武汉等地演出。

1935 年 2 月，梅兰芳又去苏联演出。因他表示不愿从陆路经过日寇占领下的伪满洲国到苏联，乃由苏联派来专轮接“梅兰芳剧团”从上海走水路到海参崴经西伯利亚到莫斯科。在莫斯科和列宁格勒共演出 14 场，演出剧目有《打渔杀家》、《汾河湾》、《贵妃醉酒》、《刺虎》、《宇宙锋》、《虹霓关》等。在苏联，梅兰芳会见了文艺界、戏剧界的高尔基、托尔斯泰、斯坦尼斯拉夫斯基、丹钦科、梅耶荷德、爱森斯坦和德国戏剧家布莱希特等，相互交流了有关戏剧艺术的意见。在苏联访问结束后，梅兰芳继续到波兰、德国、法国、比利时、意大利、英国各国参观访问。在英国，他结识了戏剧家萧伯纳和美国黑人歌唱家罗伯逊。

1936 年，梅兰芳在上海又排演了激励人们抗敌情绪的新戏《生死恨》，并带到南京、北平、天津、济南、长沙、武汉等地演出。

在这段期间，梅兰芳只属于一个女人了，这就是福芝芳，一直都是她守候着这个男人。而梅兰芳和孟小冬本应该有几次交集的，有几次在一些赈灾义演上，梅兰芳和孟小冬的名字都在演出名单上，但是两个人就好像形成了“默契”一样，不是你缺席，就是我缺席，似是两个人都在特意回避对方。

“八一三”淞沪抗战爆发后，梅兰芳感到上海也不是可以安居的地方，翌年初即率团去香港演出，并定居香港避难。

而此时，福芝芳母子还未来得及离开上海，上海就被封锁了。而此时，香港方面更加凶险。1941年12月，日寇发动了太平洋战争，香港很快沦陷。在日寇的严密监视下，梅兰芳与外界的联系完全中断了。

为了征服这位在中国人心中有着举足轻重地位的艺术家，日方派出了汪伪政府秘书长褚民谊，专程到香港，希望梅兰芳参加“中日建交”大典，被梅兰芳断然拒绝。

而在上海的福芝芳得到了各种各样的负面消息，光是梅兰芳已经死亡的消息就有好几种版本，有车祸、心肌梗死、坠机等。不久，又有人传来了梅兰芳已经被日本人抓进了监狱，变节后又被带到了东京，还娶了一个如花似玉的日本“花姑娘”的消息。

面对着这些流言，福芝芳显示出了她外柔内刚的风骨来，她坚决地告诉所有的梅家人：“知夫莫若妻，谁也没有我福芝芳更懂得梅兰芳，诸位不要相信那些吓唬人的鬼话，梅先生一定会安然回来的。”

天下有多少为人妻者，敢于在众人面前大声说一句，我了解我的丈夫?

只有真正的大爱、大义才会建立起这样的信任来。

福芝芳的表态立即传开，在上海的汉奸无不汗颜，而这一句斩钉截铁的话也给很多动摇的人吃下了一颗定心丸。

福芝芳不动声色，坚忍着操持着几十口人的大家庭，而她虽然表面上坚毅，但是她的内心又何尝不在担心丈夫在香港的安危?

直到1942年端午节，福芝芳才得到了梅兰芳的确切消息。

上海文汇报驻香港的记者冯力给福芝芳带来了这“抵万金的家书”，梅兰芳通过西欧的媒体，发表了对妻子和儿子的一封公开信，告诉妻儿自己安全无恙。冯力还带给福芝芳一幅梅兰芳的自画像，而这幅画最为奇怪的地方就是梅兰芳的嘴唇上多出了一撇胡须。原来梅兰芳已经留起了胡须，死活不肯给日本人唱戏。

画像后梅兰芳亲笔提了四句诗:

“半生羁绊唱皮黄，更思归曲翻新腔。无奈日毒梅花荡，蓄须明志别芝芳。”

我个人认为，“蓄须明志”这个词，是近代典故和名人语录中唯一可以列入成语词典的一个词，因为这代表着一个艺术家在自己民族危亡时刻的一种无畏的抗争，是一种崇高的民族气节。

福芝芳没有看错自己的丈夫，梅兰芳蓄起胡须，谢绝舞台，他用这种方式拒绝演出，拒绝和日本人合作，给所有的艺人挣得面子，替所有的中国人挺起了脊梁。

福芝芳看到了诗的最后一句“别芝芳”时，再坚强的女性恐怕也已经挺不住了，她知道丈夫此时已经做好了为国家民族牺牲的准备，忍不住痛哭了起来。

福芝芳当晚也写了一首诗作为给丈夫的回应：

“水淌大江几多愁，尝胆卧薪不低首。思幽幽矣慢悠悠，明月总是随君走。”

当梅兰芳在香港看到妻子的这首诗后，他觉得自己能娶福芝芳为妻是一件多么幸福的事情，这世间也只有福芝芳能够理解自己的心中所想。

在国际舆论强大压力下，日军被迫改变了策略，把软禁在香港的梅兰芳又遣送回了上海，但这并不代表梅兰芳获得了自由，反之他受到了更加严厉的监控，除了梅兰芳的人身自由受到限制之外，连他在银行的存款也被日方冻结。

但是，福芝芳还是非常高兴，自己终于见到了丈夫，而且可以判定他安然无恙。

封梅兰芳的账户，实在是日军的一条毒计，梅兰芳全部的经济来源都在于唱戏，没有钱他就必须要复出才行。

面对一大家子要养活的人，梅兰芳这次真的是犯了难。好在这时还有坚定的福芝芳，她马上对梅兰芳说："我们要坚信一点，那就是天无绝人之路。你的师兄程砚秋，能在北京种菜养活自己，你梅兰芳就不能学着何香凝女士那样在上海卖画为生吗？"

原来，梅兰芳不仅在京剧上有极大的成就，他在绘画上也有很深的造诣，很早就在北平开过个人画展。

梅兰芳在两三个月的时间内就画了几十幅作品，准备出售后换自己的生活费。但是，当画展开幕后，梅兰芳却惊奇地发现，自己的画的下面却都写着“汪主任

（汪精卫）订购”、“周佛海院长订购”、“冈村宁次长官订购”……

福芝芳没有想到自己的这个主意，却几乎陷梅兰芳于不义的地步。

梅兰芳此时冲着妻子大声说道：“芝芳，咱们要抗议，要申诉！”

福芝芳一阵冷笑：“畹华，你难道要向汪精卫申诉？要向冈村宁次抗议？在这个恶魔横行的世界里，只有一不做、二不休，咬咬牙、横横心毁了这些字画。宁为玉碎，不为瓦全！”

梅兰芳确实没有妻子决绝，但是当妻子做出这样的决定后，他们两个人一起动手，一瞬间，屋子里的所有画作全部被他们撕成了纸屑。汪伪秘书长褚民谊看到后，惊得半天都说不出一句话来，只觉得脊梁骨都发凉。他一边擦着额头的冷汗，一边对梅兰芳夫妇说道：“梅博士、梅太太，你们的这种举动实在是太令人遗憾了。”

福芝芳丝毫没有畏惧，而是冷笑着回敬道：“真正遗憾的是你们至今还不知道梅兰芳的脾气，他卖艺不卖心！”

说完，她挽着梅兰芳的胳膊翩然离去。

在福芝芳的卧房中，悬挂着一幅颜体的楷书，上书：

“悬冰百丈耐寒梅。”

而福芝芳撕画的故事马上在上海滩传扬开来了，如果写章回体的小说的话，我一定会把这段故事命名做“福芝芳悬冰百丈名扬上海”。

不能演戏，就连卖画都不成，梅兰芳没有办法，只好开始变卖家产、古玩。就这样，梅兰芳一直坚持到抗战胜利，才又重新复出。

一个成功男人的背后必然有一个默默支持他的女人，而一个坚强的男人背后也一定有一个比他还要坚强的女人在支持他。

孟小冬与杜月笙的情缘

接下来继续说孟小冬的故事，在这里不用卖什么官子了，因为很多人都知道，孟小冬后来嫁给了上海大亨杜月笙。

很多人都不理解，像孟小冬这样的奇女子，为何会和杜月笙这样的流氓头子扯上关系？都为她扼腕叹息。

对于这段历史的理解，我们要抱有一种公正的态度。

我们首先要说，杜月笙真的这么可恶吗？没错，他是青帮的老大，也是上海上著名的流氓大亨，但是我们不能把他视同于一个整天混迹在街边、踢寡妇门、挖绝户坟的地痞，他其实也是一个有头脑的商人，一个颇有政治头脑的投机者，更是一个爱国者！

不要怀疑我说的话，杜月笙、黄金荣这些所谓的流氓头子在抗战过程中的表现，比之周佛海、陈公博这些所谓的知识分子来，实在是要强得太多了。

面对日寇，他毫不妥协，还能用武装力量暗中帮助抵抗力量，他在这场战争中的表现无愧于一个中国人，一条真正的汉子。

孟小冬唱的是老生，如果懂京剧的人都应该知道，老生所扮演的角色，大多是些正人君子，在金钱和诱惑面前不为所动的正派人物，孟小冬常年扮演老生，不会不被这种角色所感染。凭着她的脾气，如果不是对杜月笙有一份敬重和爱慕，她是不会跟杜月笙产生一段情缘的。所以，我一直相信孟小冬和杜月笙之间并不是一场低级的情色故事，而是另一段互相欣赏的爱恋。

孟小冬其实和杜月笙早就认识，早在 1925 年，孟小冬离开上海前，酷爱京剧的杜月笙就暗自喜欢这个会唱老生的女孩，但是，当时正是杜月笙的创业时期，正在设法垄断法租界内的鸦片提运，对于像杜月笙一样渴望成功的男人而言，儿女情长的事情自然是放在第二位的。

所以，虽然杜月笙对孟小冬有爱慕之心，情感上却难有什么进一步的发展。

直到孟小冬和梅兰芳决裂，1937 年孟小冬又返回了上海，参加黄金大戏院搬迁后的开幕式。在这里，孟小冬再次见到了杜月笙，她还记得当年他不过是个在台下为自己喊好、拼命鼓掌的黄金荣的跟班而已。没有想到十几年过去了，杜月笙已经是名满天下的青红帮的老大，是上海乃至全国都为之胆寒的黑道大哥了。

杜月笙再次见到孟小冬后，便开始在生活上给予了她很多经济上的支持，面对这些支持，孟小冬并未拒绝，而是欣然接受了。

后来，就连孟小冬送给友人的礼物，都是杜月笙派人送来，孟小冬不会不知道杜月笙的意思，只不过那也是个有头有脸的男人，他不可能向孟小冬直接表达。孟小冬渐渐感到来自杜月笙的爱是很特别的，可能这就是一个女人希望享受到的男人的无微不至。

孟小冬感觉到自己对杜月笙的情感没有她与梅兰芳在一起的时候那样的强烈，但是来自杜月笙的情感却是绵绵不绝，从未中断，这才是女人应该接受的情感，不像那种干柴烈火，着完了，也就熄灭了。

但一方有情，一方有意，却谁也不肯捅破这层窗户纸，而最终促成两人好事的是杜月笙的四姨太姚玉兰。

姚玉兰也是一个唱老生出身的，和孟小冬关系非常好，两个人还结拜过干姐妹。当时她正受到了杜月笙其他三位老婆的合伙攻击，她连杜公馆都进不去，所以杜月笙只好在外给她买了一处新房，给她居住。姚玉兰深知，十分有必要给自己找一个帮手，而孟小冬就是再合适不过的人选了。

姚玉兰邀请孟小冬住进了杜月笙给她买的房子里，而后来的事便有很多种说法，有的说，姚玉兰灌醉了孟小冬，再让杜月笙进屋强奸了她。还有一种说法是杜月笙强迫孟小冬做了自己的情妇。

我认为这些传言不能不信，也不能尽信，杜月笙与孟小冬的结合，跟他的权势有着很大的关系，但是如果说杜月笙霸王硬上弓的话，我是不信的。

因为在长期的交往中，孟小冬已经和杜月笙是很好的朋友了，可以说杜月笙才是孟小冬的知己，杜月笙一直默默地爱恋着孟小冬，也在一直对她默默地关爱和呵护，孟小冬不是没有感觉的。

他们的结合实际上并没有多少令人意外的因素，跟今天的很多娱乐明星嫁给了有钱的大款一样，值得炒作，却无什么讨论的必要。

不过，“七七事变”后，杜月笙就带着姚玉兰去了香港，他很想带着孟小冬同去，但是孟小冬因为没有名分，并未同行，而是自行返回了北平。太平洋战争爆发后，杜月笙又带着姚玉兰从香港迁往了陪都重庆。

抗战刚刚胜利，杜月笙把姚玉兰留在了重庆，自己一个人迫不及待地返回了上海。杜月笙返回上海后的第一件事就是给孟小冬发信，召唤她来上海。

这八年抗战期间，孟小冬一直跟着师傅余叔岩在北平学戏，甚少登台，但是她出手依旧阔绰，毫不担心自己的经济问题。原来，这些年她从来没有跟杜月笙失去过联系，而杜月笙也通过了各种途径帮助孟小冬可以在北平生活得富足。

回到了上海的孟小冬，不久便堂而皇之地搬进了杜公馆，孟小冬对杜府的事不理不问，一切淡然处之，三位姨太太知道孟小冬名气大，脾气也非姚玉兰那样好对付，再加上杜月笙对她的宠爱，自然是不敢责难于她。

而不久，孟小冬就又搬回了北平，原来此时姚玉兰从重庆回到了上海。孟小冬和姚玉兰情同姐妹，怕别人说自己是鸠占鹊巢，况且到现在杜月笙连个妾的身份都没给她，这是她不能接受的。

杜月笙虽然百般挽留，但是孟小冬还是走了。不过，1947 年 8 月 30 日是杜月笙六十大寿，早在五月初，杜月笙就又写信邀请孟小冬来参加祝寿。由于当时国共在各条战线打得异常激烈，国民政府的形势吃紧，所以杜月笙并没敢打着为自己祝寿的旗号来组织京剧演出，而是以“赈灾京剧义演”的方式。

孟小冬接到了杜月笙的邀请后欣然前往，这一次她又住进了杜公馆，此时他们的关系已经公开了。

更有意思的是，这场“义演”的阵容强大，梅兰芳也在被邀请之列。演出从 9 月 3 日到 9 月 12 日，整整持续了十天。

但是梅、孟二人并没有见面，梅兰芳演的两头，分别演了四天，而孟小冬只演了中间两天，就连最后的闭幕，梅兰芳和杜月笙等人合影的时候，孟小冬也没有出现。

既然杜月笙和孟小冬的关系已经曝光，那么杜月笙就不可能再让自己的女人跟她的前夫见面，况且依着孟小冬的脾气，也不会和梅兰芳一笑泯恩仇。所以见不如不见，这恐怕也是孟小冬个人的意见。

孟小冬在义演上唱了她近八年来研习精深的《搜孤救孤》，义演的台下不只坐着广大的观众、社会名流，还坐着众多的行家里手。当时，老生之中的翘楚谭富英和马连良都在台下。

听完这出戏后，谭富英激动地说道："小冬算是把这出戏给唱绝了，《搜孤救孤》这出戏我收了（京剧的行话，不再唱了的意思）！"

马连良听后一言不发，这出戏他日后还唱，但是却改了个名字叫《赵氏孤儿》了！

得到了两位大师级的须生前辈的认可，孟小冬终于了却了一桩心愿，那就是当年她跟梅兰芳分手时说过的那句话，"我今后要么不唱戏，再唱戏也不会比你差，今后要么不嫁人，再嫁人也绝不会比你差。”

这句话的前半句已经实现了，戏唱到这个份上足够了，不再唱了！出人意料的是这出《搜孤救孤》竟然变成了孟小冬京剧舞台上的绝唱！这一年，孟小冬刚好四十岁。

原来她苦心八年研究京剧技艺，不过是要跟梅兰芳赌那一口气！这就是孟小冬的性格，她永远带有一种难以捉摸的神秘，还颇有让人多少有点心惊的仇恨感。

义演结束后，孟小冬又回到了北平，但是不久，北平已经被解放军包围，姚玉兰此时给孟小冬写了一封信，内容是杜月笙已经准备好了飞机，接她来上海，并在信的最后一句附上一句话，“让我们像一家人一样。”

这句话令孟小冬下定了决心，坐着杜月笙的私人飞机又返回了上海，并且第三次住进了杜公馆。

1949 年，战事已经明朗，国民党大势已去，杜月笙面临着选择，蒋介石要他跟他去台湾，而黄炎培等民主人士想让杜月笙留在大陆。

杜月笙干过不少坏事，他杀过共产党，倒卖过烟土。他自认为共产党是不会放过他的，但是他也看得出来跟着蒋介石走，也不会有什么好下场，很有可能就是把他软禁起来，没了自由。所以杜月笙采用了一个折中的方式，他带着一家人，包括孟小冬，乘坐客轮离开上海直奔香港而去了。

从此，孟小冬的生活倒变得简单、安逸了。

但是，问题是，孟小冬一直在思考两个问题，一是她在杜府算什么？二是她能否完成对梅兰芳说过的后半句话，嫁给一个比他强的人。

中国大陆和台湾方面都对杜月笙不鲜明的态度表示了不满，杜月笙自知谁也得罪不起，于是决定举家迁往法国，远离是非之地，而且他也为家人们都准备了护照，当然也包括孟小冬的。

但孟小冬看到护照后，一阵叹息，然后冷不丁地冒出了一句："我跟你去是算使唤丫头，还是女朋友？"

这一句话点醒了杜月笙，当时杜月笙已经是百病缠身，一直都是孟小冬在旁伺候服侍，喂汤送药、饮食起居，事无巨细，都是孟小冬一个人在承担，杜月笙此时明白是该给孟小冬一个名分的时候了。

杜月笙力排众议跟孟小冬在香港举行了婚礼，并且让孩子们都管她叫"妈咪"，这声"妈咪"让孟小冬实现了她对梅兰芳的后半句诺言，"再嫁人也绝不会比你差！”

这场婚姻，很多人认为是因为杜月笙想要为自己冲喜才举行的，我要说，我们真的不要只凭借我们对于一个人好恶，就把一个人想得很简单。

杜月笙选择在这个时候结婚，很重要的一点就是他想确定跟孟小冬的夫妻关系，然后在他死后，可以名正言顺地分给孟小冬一部分财产，而不是让孟小冬再参与到一场激烈的财产抢夺战中去。

在 1951 年 8 月 16 日，杜月笙还没有去法国就病逝于香港，这离他和孟小冬结婚还不到一年的时间。

孟小冬的人生自此走向了黯淡，她只能依靠杜家分给她的两万美元的遗产和杜月笙平时资助她的金钱过活。而这时，如马连良、张君秋等京剧名家，都受到了祖国的召唤而先后返回了大陆。

独自一人在香港的孟小冬感受到了前所未有的孤独和寂寞，而这份悲凉的感觉已经无法在她的心中化解了。

花自飘零水自流

福芝芳和孟小冬两个女人，在人生的最后阶段都走入了各自的稳定期。

梅兰芳此时已经成为了大陆政府的官员，并加入了中国共产党，他参加社会活动非常频繁，先是随宋庆龄和郭沫若到奥地利维也纳出席了世界人民和平大会，后又作为代表参加了全国第二届文学艺术界代表大会，并被推举为全国文联副主席、中国戏剧家协会副主席，中国京剧研究院院长等职务，可谓是春风得意。

这一天，梅兰芳突然带着福芝芳来到了前夫人王明华的安葬之地，万花山（又称牡丹山，今延安市城区西南境内）。“万花”因为与梅兰芳的字“畹华”谐音，所以梅兰芳很早就在这里买了一块地盖了一间别墅，还把发妻安葬在了这里。

故地重游，梅兰芳突然对福芝芳说道：“我想我死后，最后下葬在这里吧！”

福芝芳以为丈夫随口一说，便笑道：“您老死后不得进八宝山革命公墓啊？”

没想到梅兰芳淡然说道：“我如果进了八宝山，你该多寂寞啊？”一听到此语，福芝芳眼泪难以抑制，夺眶而出。她这才知道了丈夫的种种柔情，万般心意。梅兰芳也是个讲信用的人，他死后果然下葬在了这里，而他的两位夫人王明华和福芝芳就陪在了他的左右。

时间来到了1952年，孟小冬在香港实在觉得无聊，便破了自己之前不收徒的诺言，开始收徒弟，不过孟小冬收的徒弟都是票友，没有一个是真正的京剧演员，她收徒弟的目的很明确，只是找了一帮玩伴，跟自己在家里唱戏解闷而已，因为此时唱戏已经变成了孟小冬人生中唯一的乐趣了。

1955年，就连孟小冬一直信赖的琴师王瑞芝都返回了大陆，临走前王瑞芝曾劝过孟小冬和自己同行回去。但是孟小冬没有答应，理由是她是杜月笙的女人，共产党不会接纳她的。其实谁都知道，她是怕再见到一个人，那就是梅兰芳。这位特立独行的女子，只能在深夜中听一听老唱片里那苍凉的老生唱腔，才能回想起她当年的光华岁月来了。

1961年8月8日，噩耗传来，梅兰芳死于心肌梗死。他死得很突然，本来由于身体原因住院，病情已经稳定了，他在当天晚上还笑着安慰夫人福芝芳："这几天我已经好多了，你也不要太操心了，你有高血压，明天不要来得太早了，要在家多休息，多保重身体。"然后便让梅葆玖送母亲回去了。

没有想到，梅兰芳就在当晚便沉沉睡去，与世长辞了，享年六十七岁。福芝芳对国家的要求只有一个，梅兰芳只能土葬不能火化。周恩来总理把一口楠木棺材给了梅兰芳，这口棺材本是给孙中山预备的，但是孙中山去世时用的是苏联送予的一口水晶棺材，这个棺材就闲置了下来，周总理把它给了梅兰芳使用，这也正说明了，新中国对于这位艺术家的尊重和承认。

我们不知道，孟小冬听到梅兰芳的死讯后，是何表情，又是何种心绪。我们恐怕永远也猜不到她此时对梅兰芳是爱多一些，还是恨更多了一些?

1967 年，孟小冬奔赴台湾，去投奔姚玉兰，这两个已经步入老年的女人相依为命，有了种相依相靠的归宿感。而此时，孟小冬的身体越来越差，十年的台北生活，她几乎是在病中度过的。

1976 年，弟子们给孟小冬做了寿，并与她合作演出了一出《定军山》，孟小冬高兴极了，并多喝了几杯。而第二天晚上她的哮喘病便发作了，经过抢救，虽然无生命危险，但是她的肺部积水已经很严重了，绝对不能再唱戏了。

1976年5月25日，由于孟小冬常年拒绝住院治疗，肺病引发了心脏病，她在台北忠孝东路中心诊所不幸去世。

临死前她还做出了一个让所有人都震惊的决定，那就是让自己的友人将之前录制的所有自己的唱片全部销毁。

孟小冬死后，葬于佛教公墓，而张大千在墓碑上亲手题写了“杜母孟太夫人墓”。这似乎是孟小冬的授意，她在最后还是觉得她和杜月笙才是真正的夫妻。

四年后，也就是1980年8月8日，福芝芳脑中风，抢救无效在北京逝世。她临去世前，还请梅兰芳的秘书记下了一句话：

“梅先生事业如山，我本人只能算作一棵无名小草。”

我们不能评价福芝芳和孟小冬对感情的处理方式上孰优孰劣，只能说她们用各自不同的方式走完了自己的人生。

梅兰芳的两个女人，谁更爱他多一些，他又欠谁更多一些呢？

我想爱情本身就是没有可比性的，这种问题在不同人的心中便有了各种各样的答案。

所以敬告今天的少男少女们，我们不能成天用一个模式去要求你的恋人，因为每个人的情感付出都是不同的。

爱不在于形式，而在于付出，“不在乎天长地久，只在乎曾经拥有”，用这句话来诠释爱，最合适不过了。